ぴよぴよ ワーク・ブック1

遠藤 蓉子・著

サーベル社

はじめに

本書は、サーベル社より既刊の「ぴよぴよピアノ」に対応する形で書かれたワークブックですが、小さい生徒さんのレッスンで全般的に使用できるワークブックです。

特に、まだ字の読めない小さい生徒さんのレッスンにおいて、大変楽しくレッスンすることができます。音符の色ぬりや線結びで楽しく音符を覚えながら進んでいきます。小さい生徒さんを対象としていますので、とてもゆっくりのペースで一つのテーマを何度も繰り返して定着させていきます。

本書の狙いは、早く始めた小さい生徒さんをできるだけ早い段階から右手だけでなく左手も動かすことにあります。小さい生徒さんにとっては、右手の音と左手の音は混同しやすいのですが､色音符の導入により混乱なく進んでいくことができます。ワークブックではありますが、自分でぬった音符を声に出して読んだり、ピアノで弾いたりすることでさらに大きな成果を期待することができます。

本書が、小さい生徒さんの楽しいレッスンのためにお役に立てば幸いです。

2017年5月

遠藤蓉子

も　く　じ

どとれのおけいこ …… 4

４ぶおんぷと２ぶおんぷ …… 9

みのおけいこ …… 10

５せんのどれみ …… 18

とおんきごうのおけいこ …… 19

へおんきごうのどとしのおけいこ …… 26

とおんきごうとへおんきごう …… 28

へおんきごうのらのおけいこ …… 40

まとめのページ …… 56

どにあかをぬりましょう

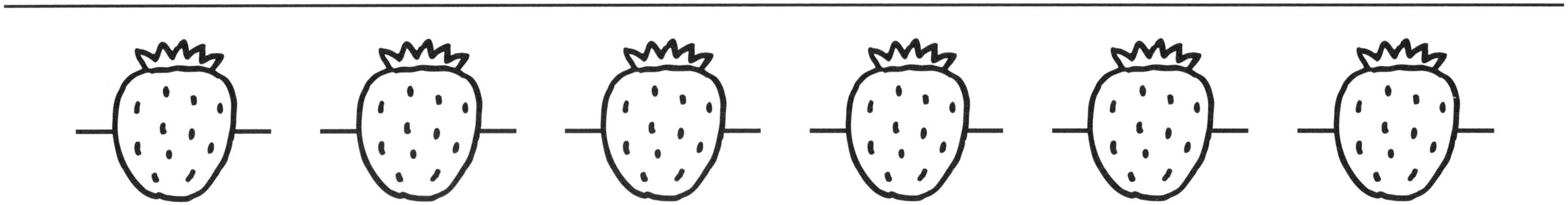

れにきいろをぬりましょう

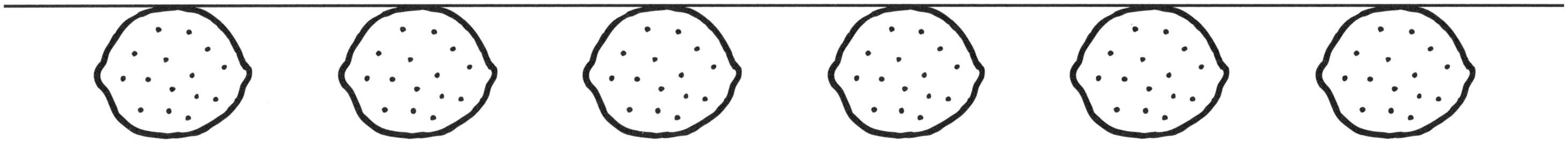

おんぷにいろをぬりましょう（ど―あか　れ―きいろ）

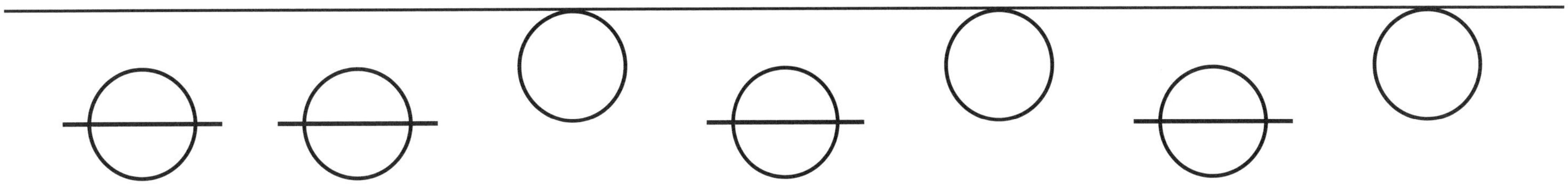

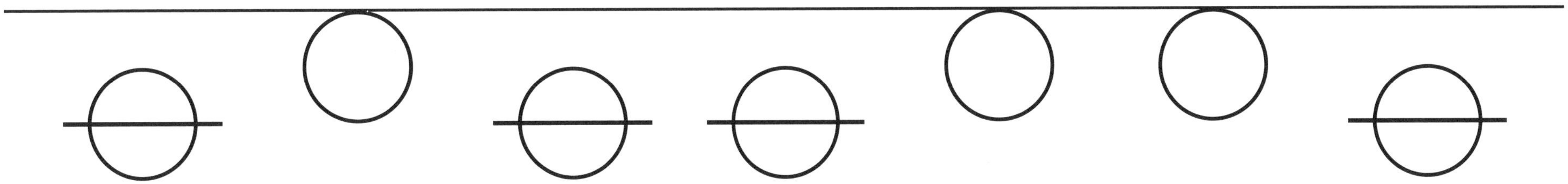

ふうせんをせんでむすびましょう

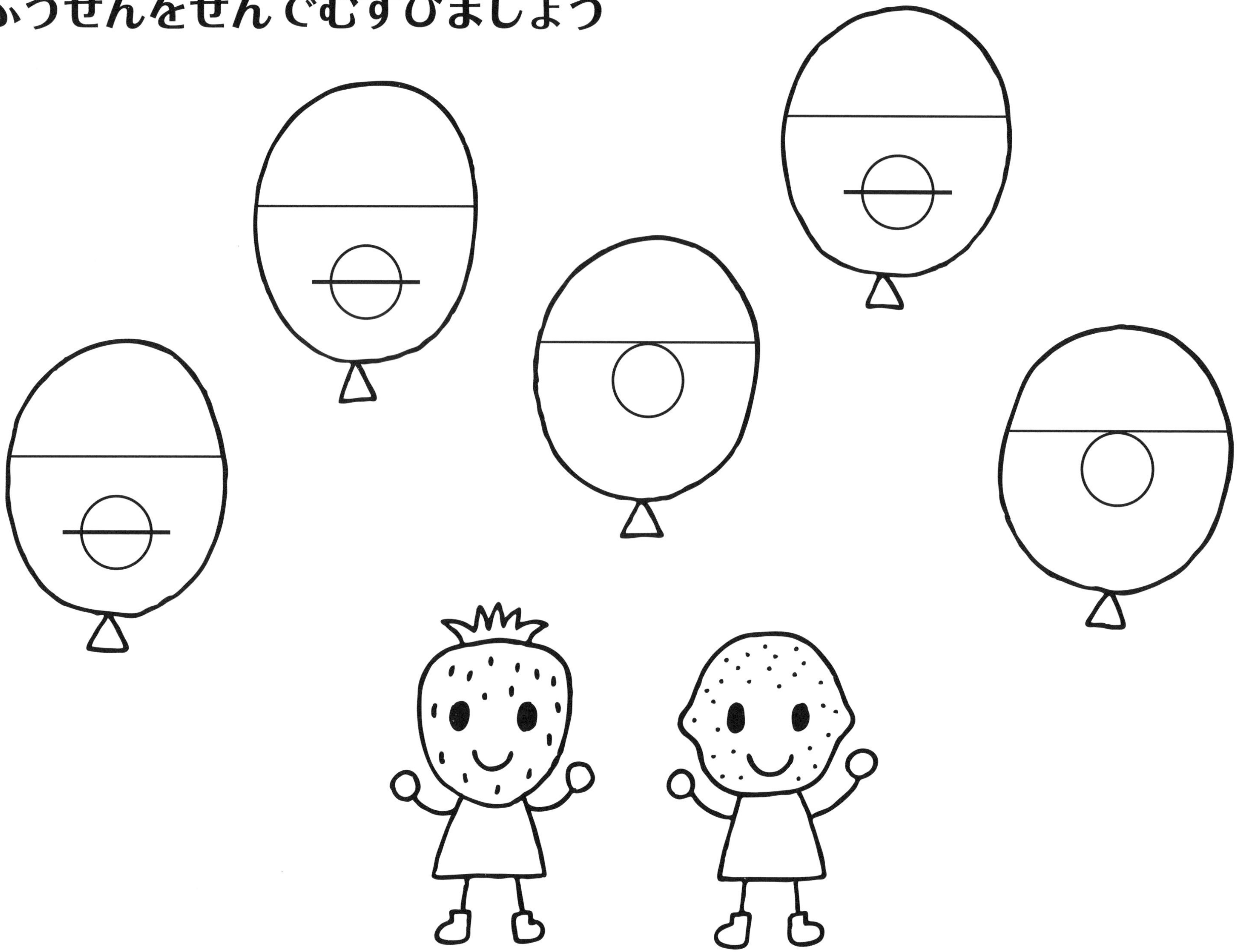

おんぷにいろをぬりましょう（ど—あか　れ—きいろ）

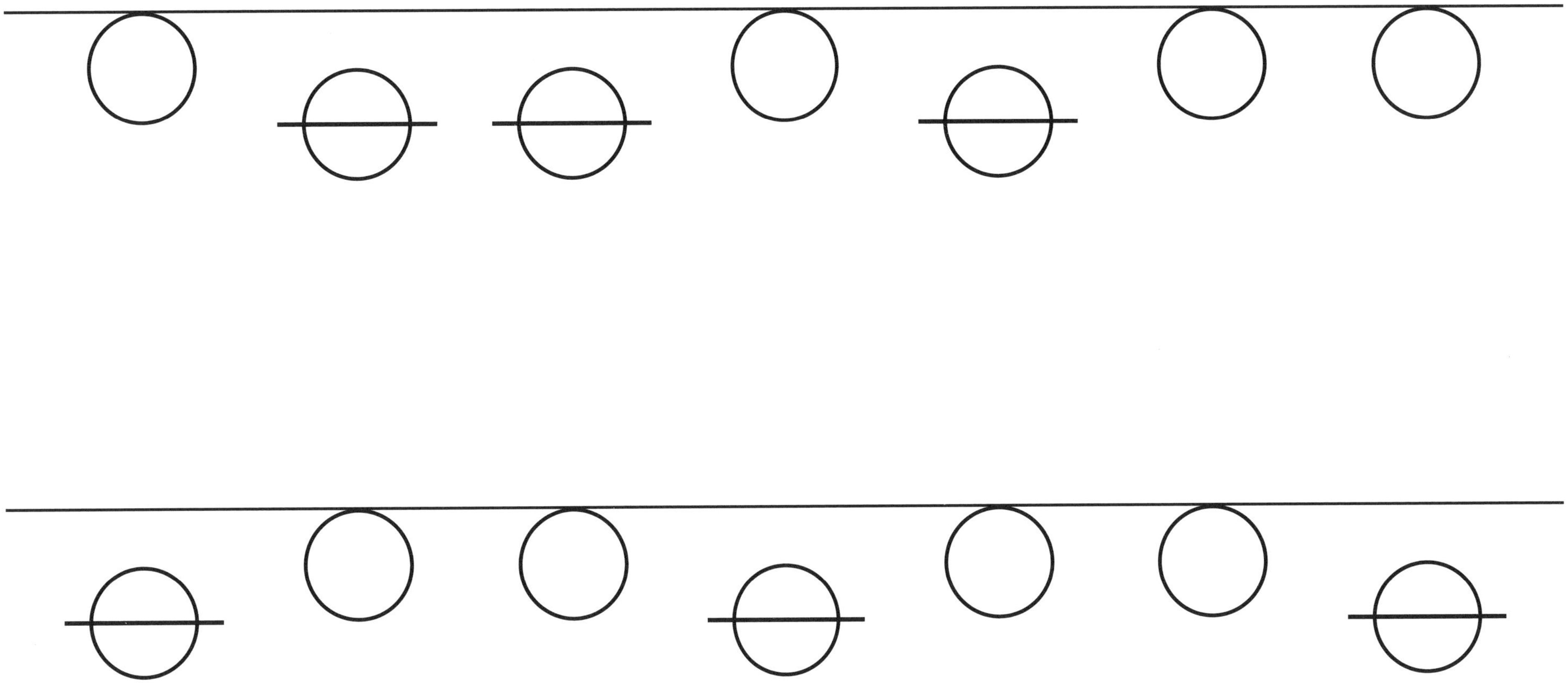

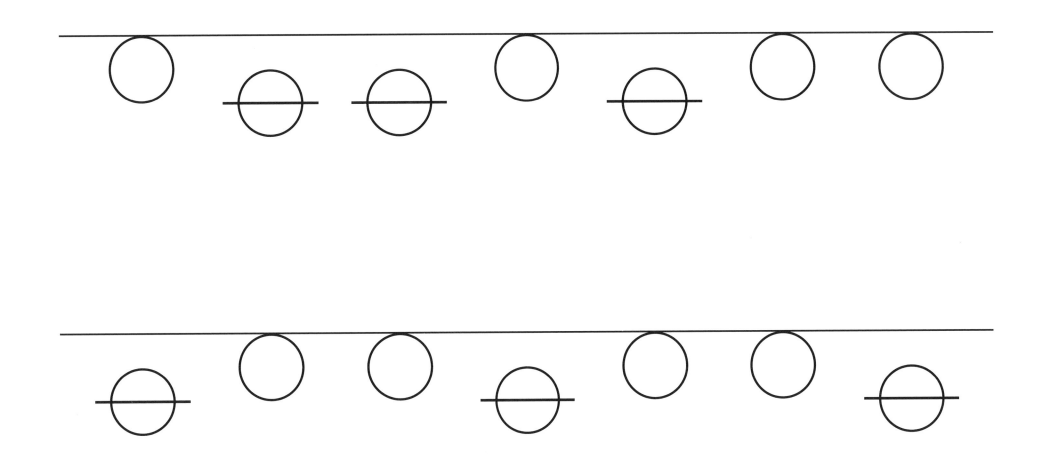

おんぷをよみましょう

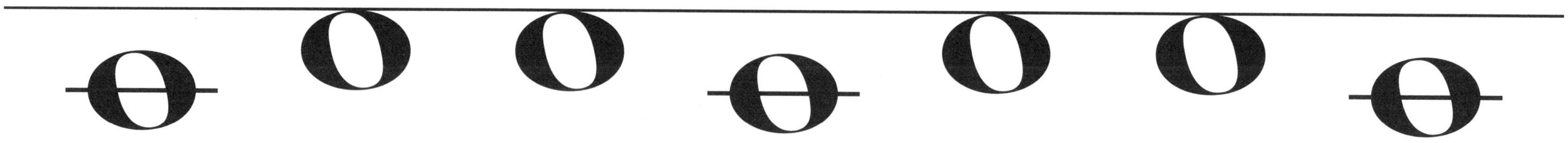

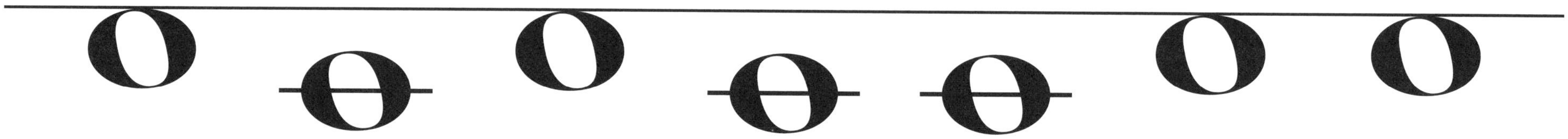

おんぷとりんごをせんでむすびましょう

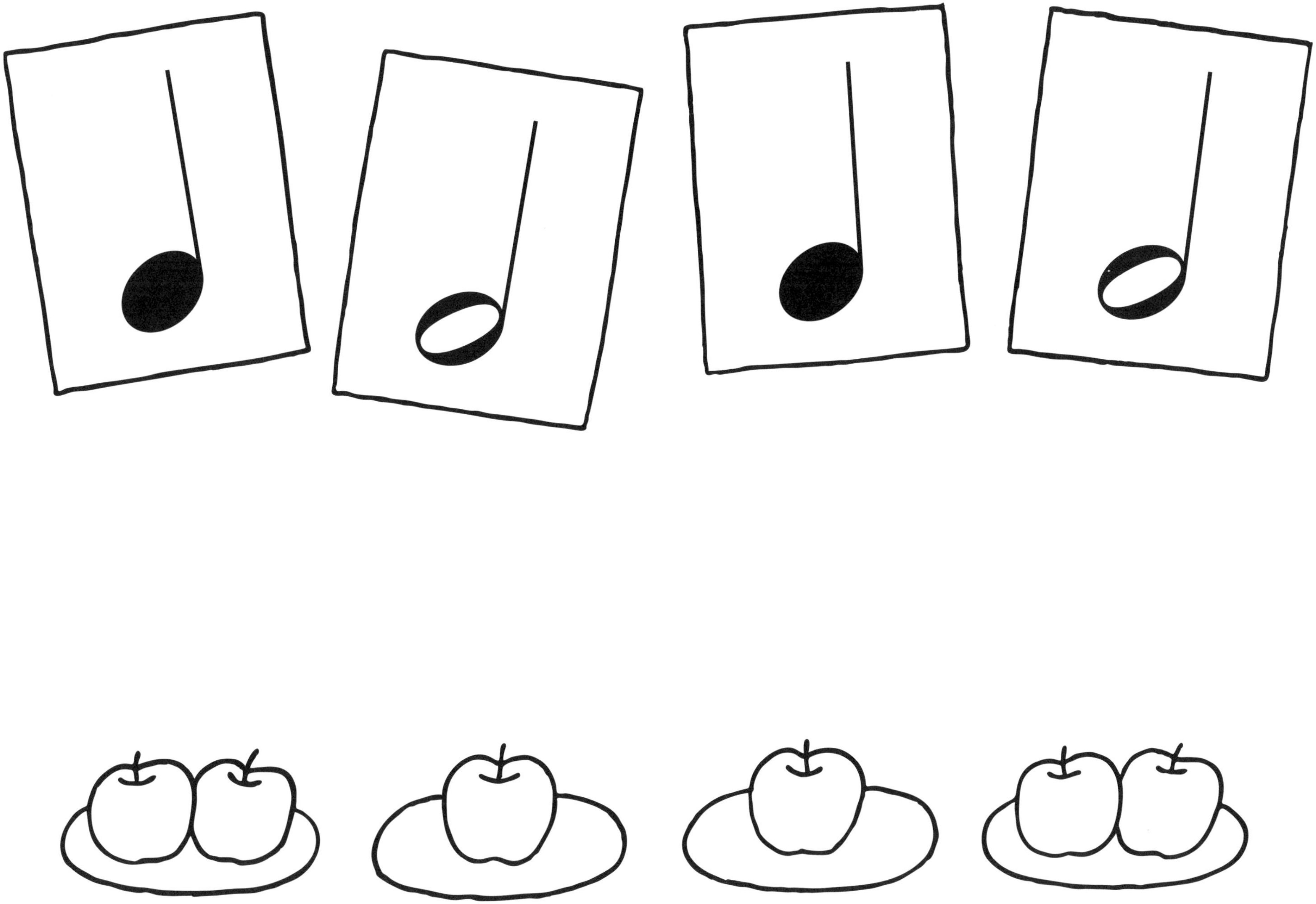

みにみどりをぬりましょう

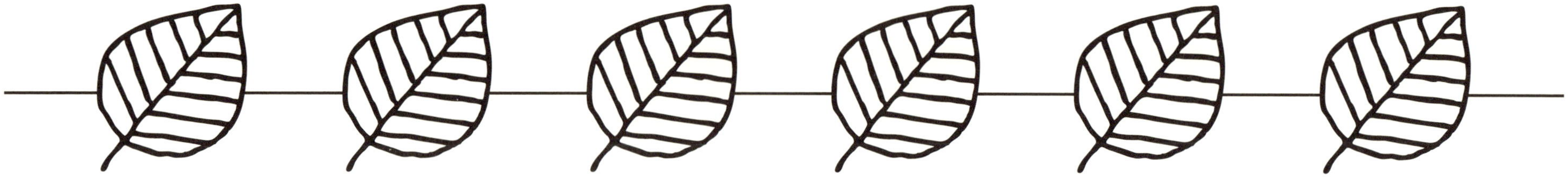

おんぷにいろをぬりましょう（ど―あか　れ―きいろ　み―みどり）

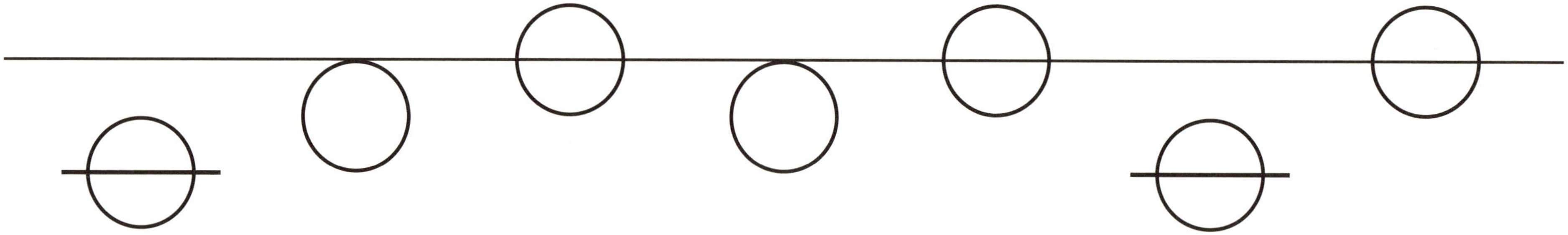

ふうせんをせんでむすびましょう

おんぷにいろをぬりましょう（ど—あか　れ—きいろ　み—みどり）

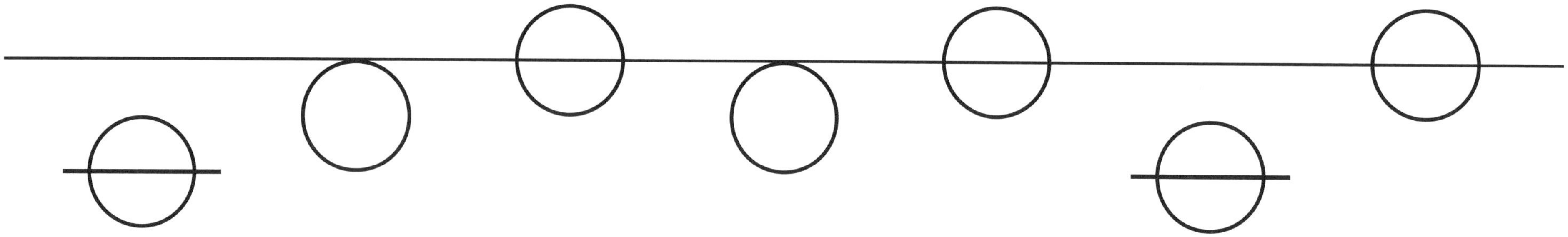

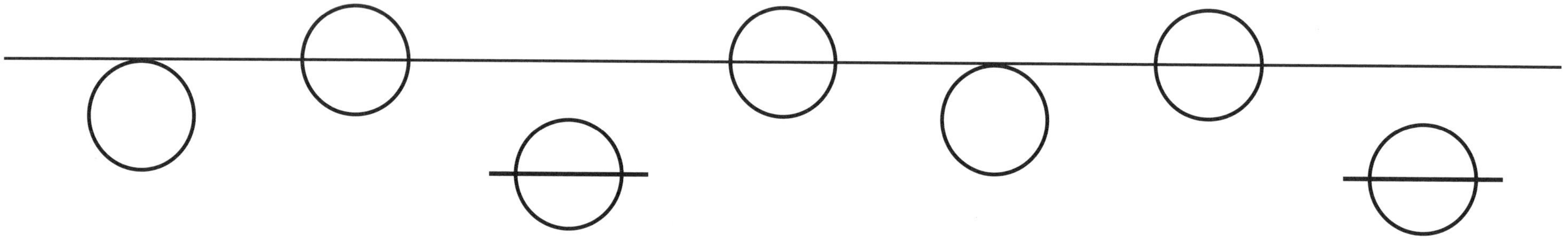

♩と𝅗𝅥をかきましょう

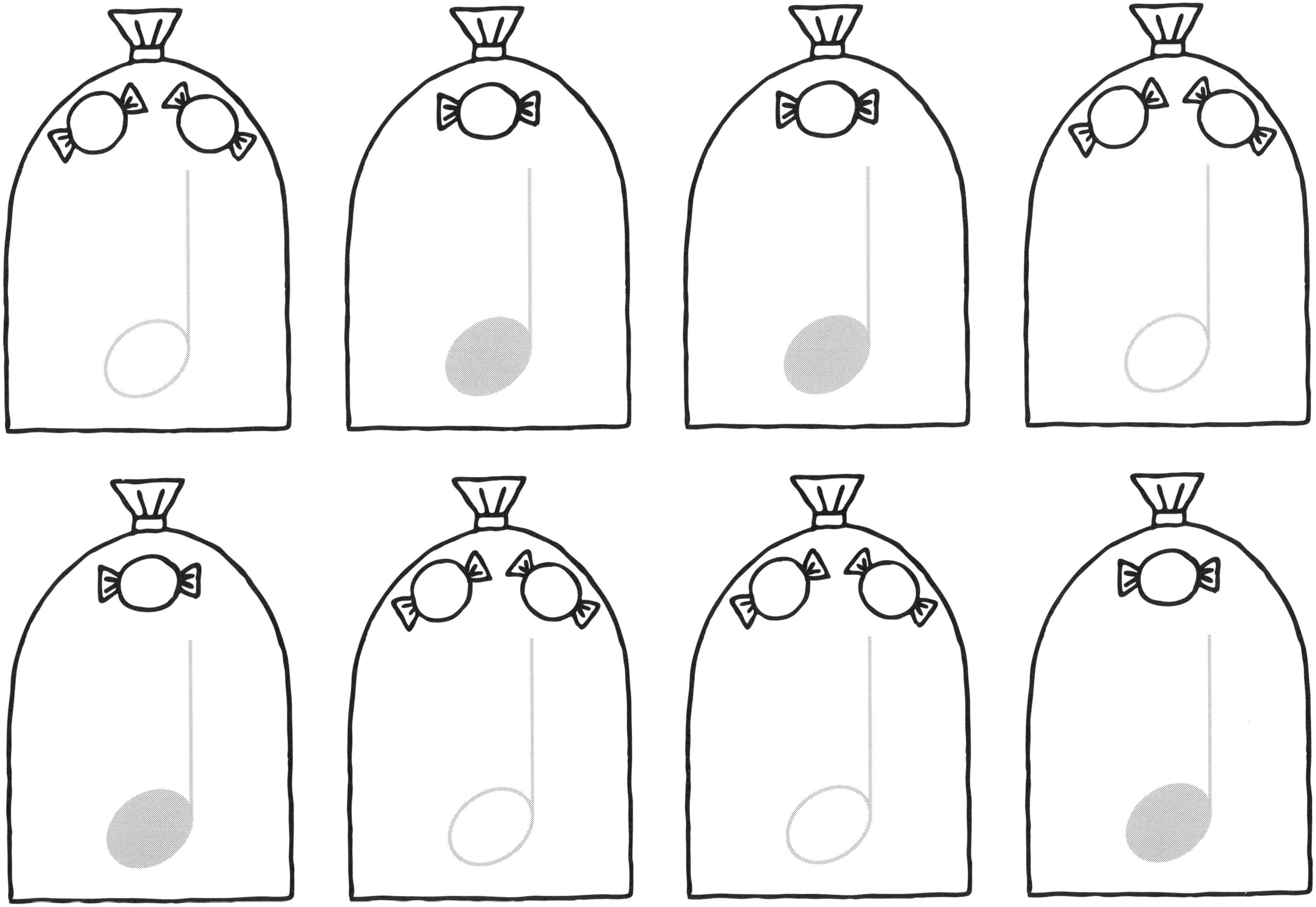

おんぷにいろをぬりましょう（ど—あか　れ—きいろ　み—みどり）

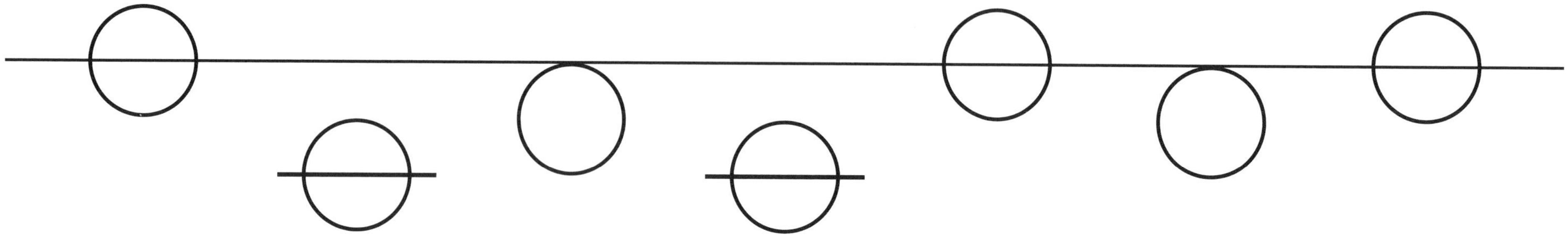

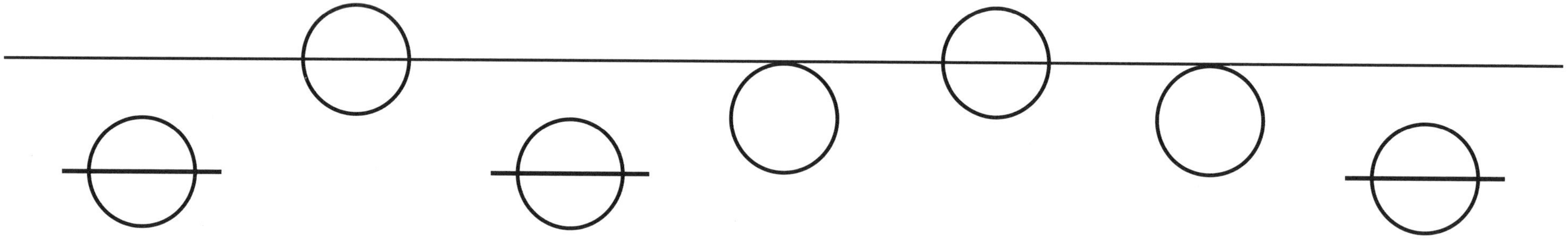

おんぷをよみましょう

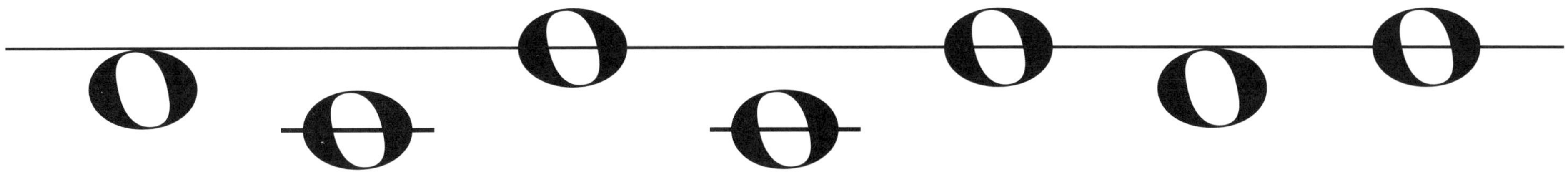

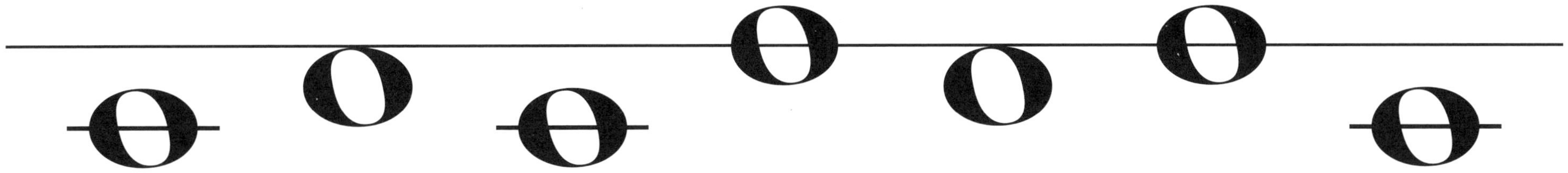

おんぷにいろをぬりましょう（ど―あか　れ―きいろ　み―みどり）

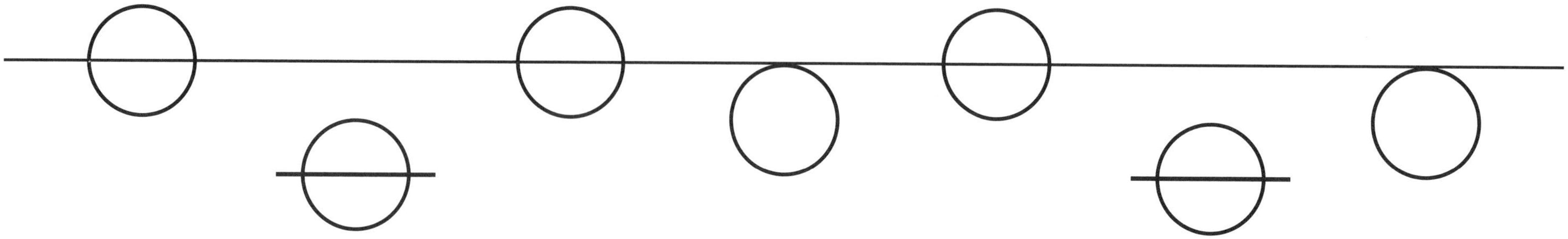

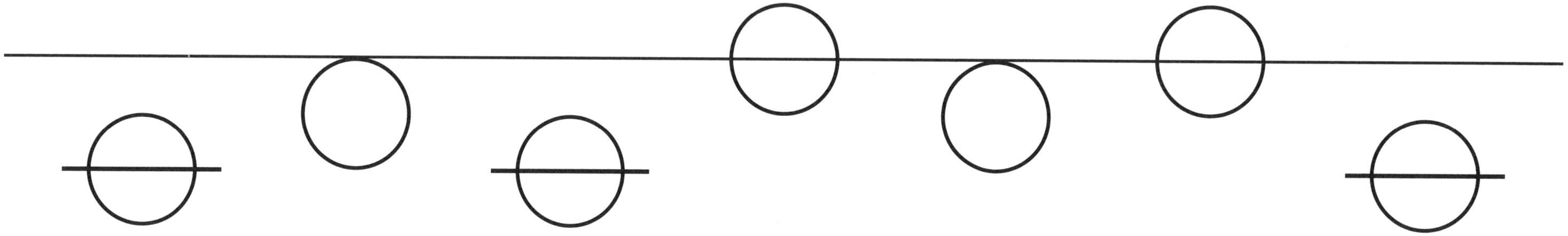

おんぷとアイスクリームをせんでむすびましょう

5せんのおんぷにいろをぬりましょう（ど—あか　れ—きいろ　み—みどり）

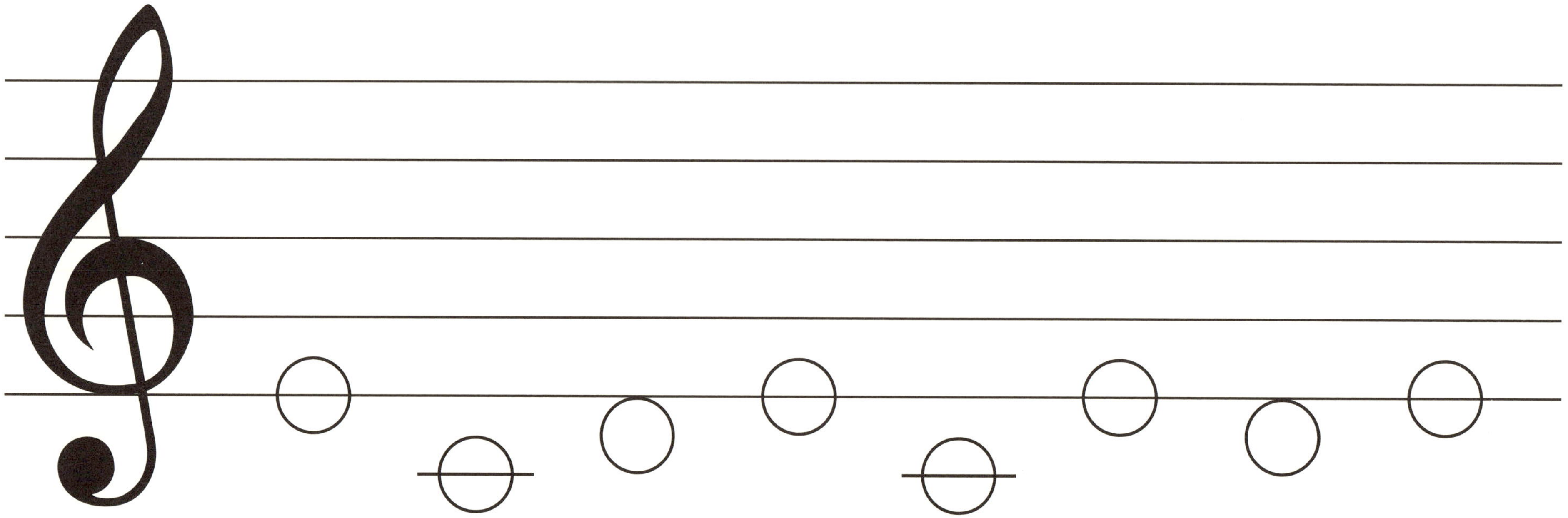

とおんきごうをかきましょう

おんぷにいろをぬりましょう（ど―あか　れ―きいろ　み―みどり）

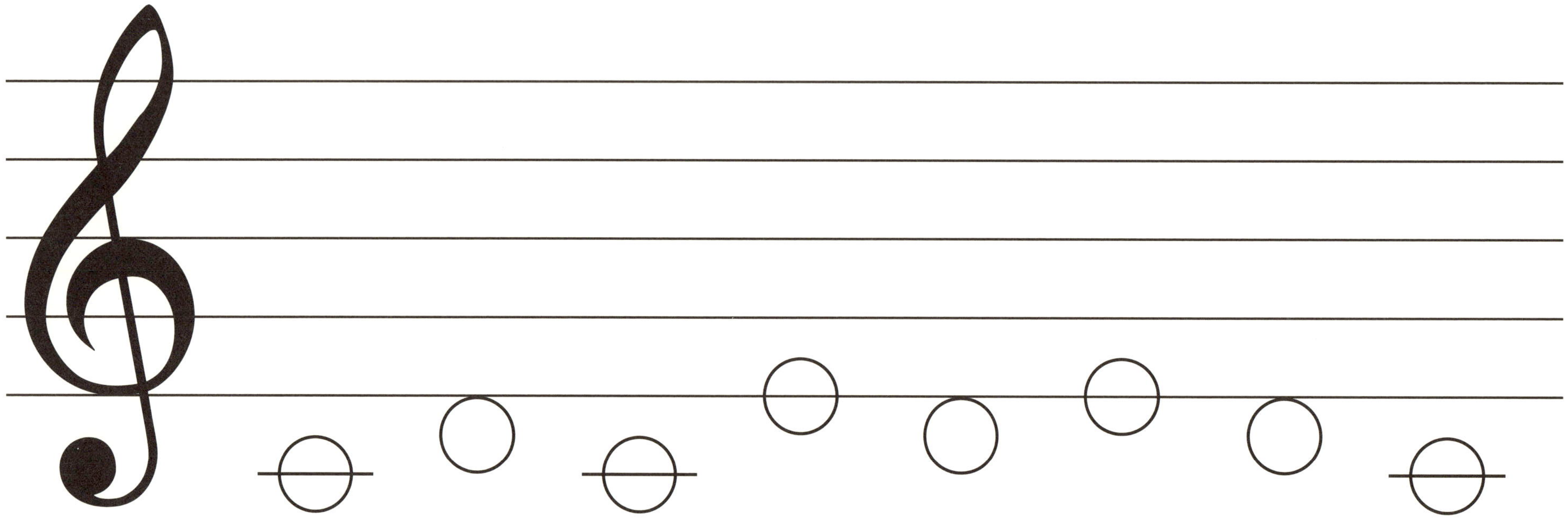

ふうせんをせんでむすびましょう

おんぷにいろをぬりましょう（ど—あか　れ—きいろ　み—みどり）

おんぷをよみましょう

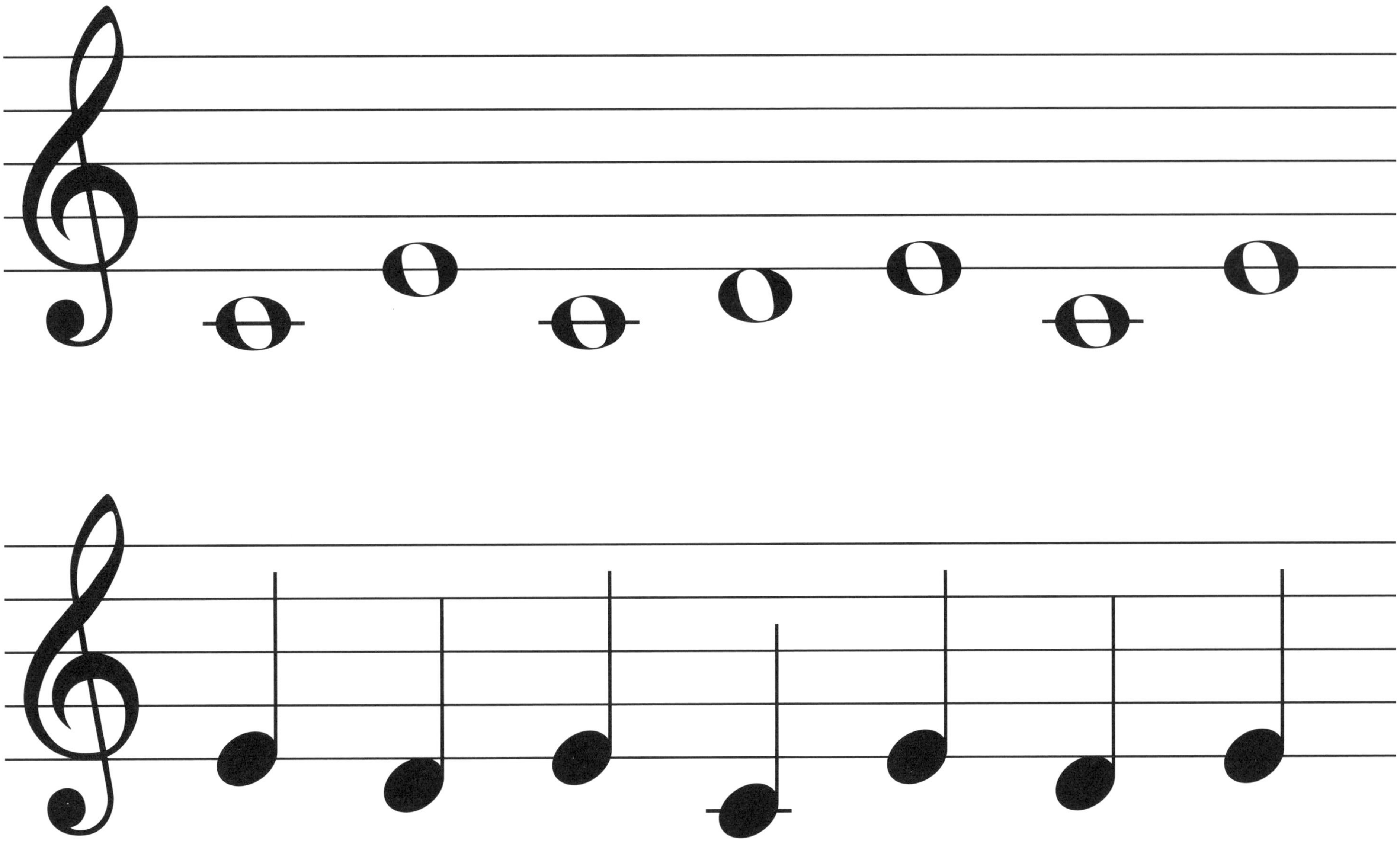

おんぷにいろをぬりましょう（ど—あか　れ—きいろ　み—みどり）

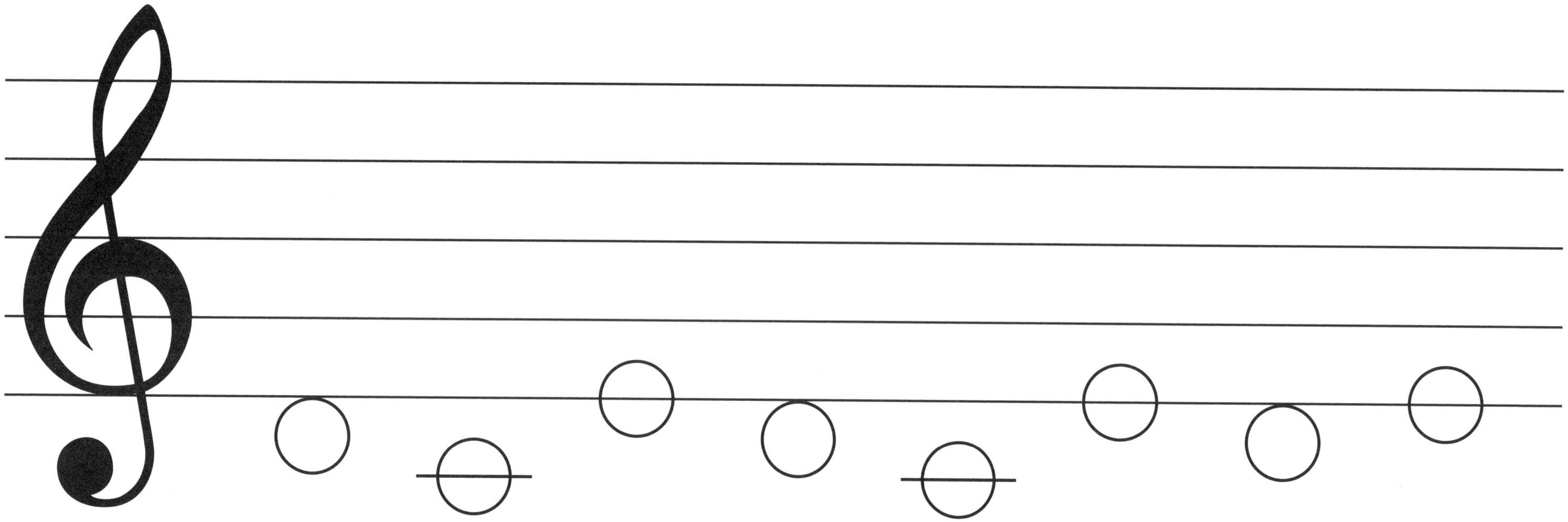

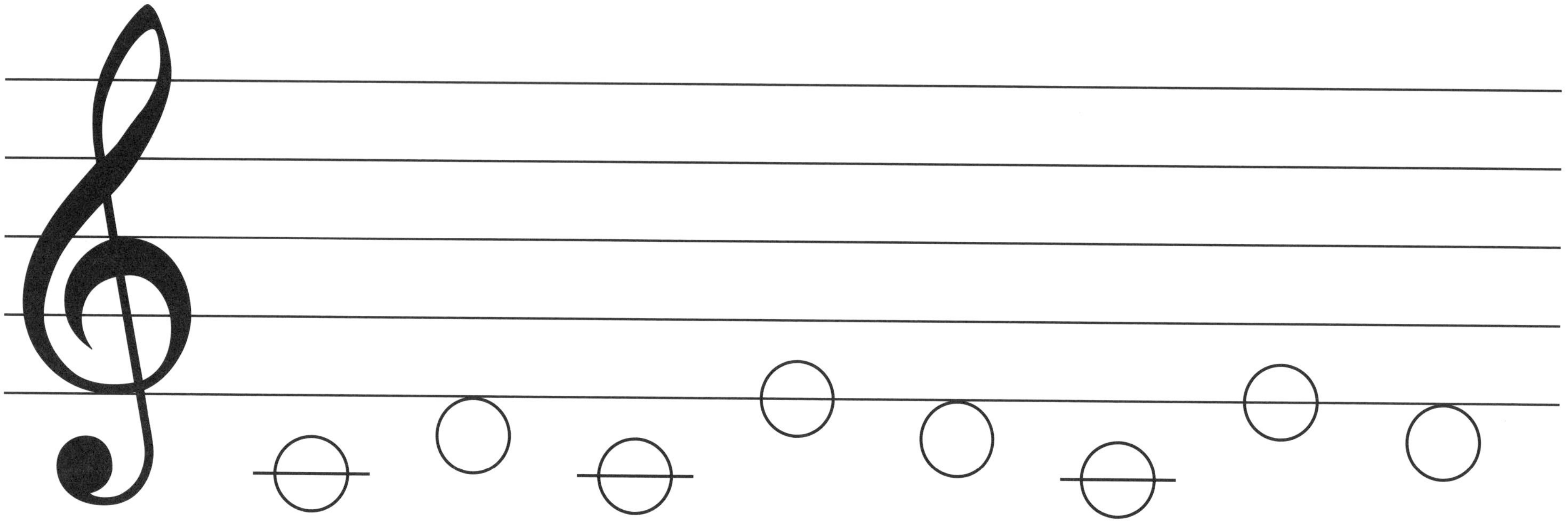

プレゼントをかいにいきましょう

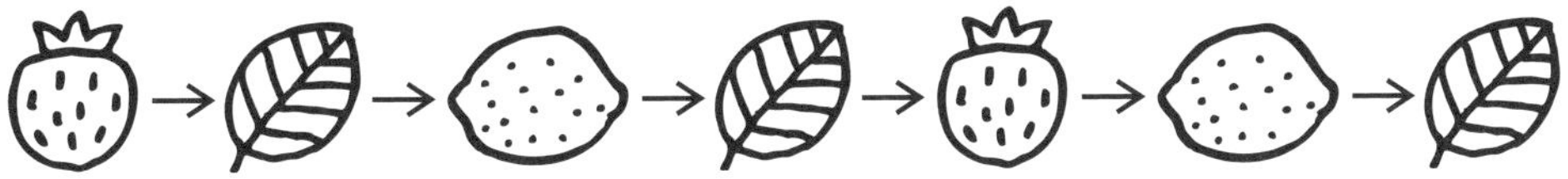

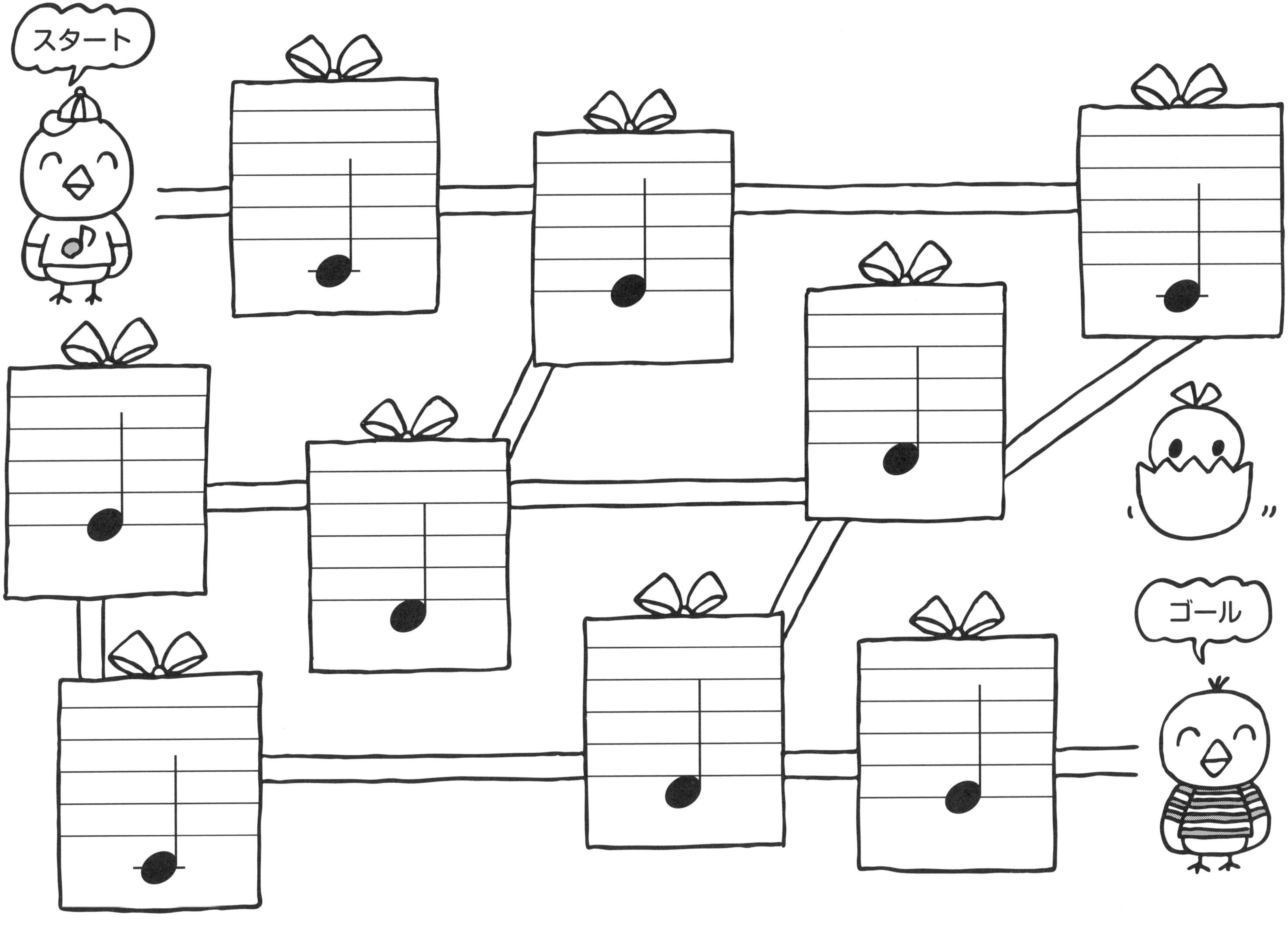

ひだりてのどにあかをぬりましょう

ひだりてのしにぴんくをぬりましょう

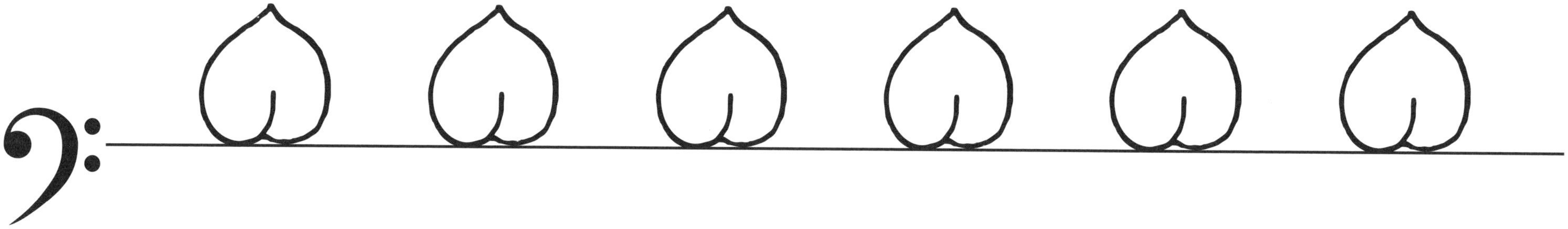

おんぷにいろをぬりましょう（ど—あか　し—ぴんく）

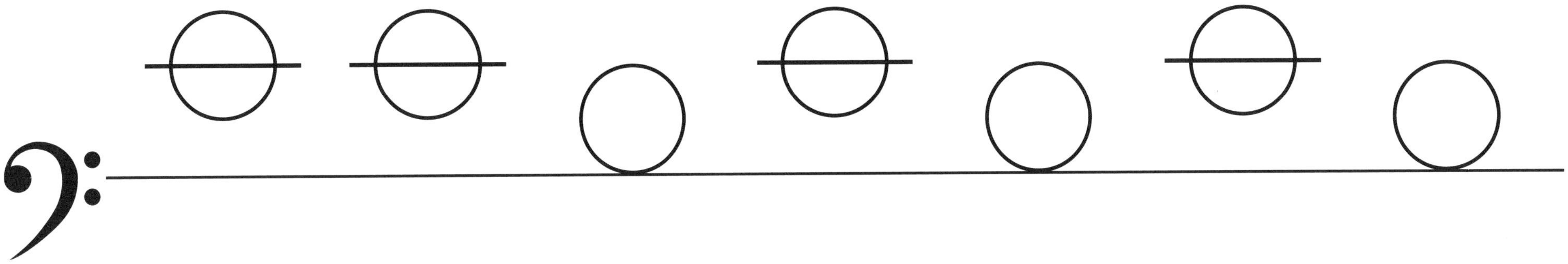

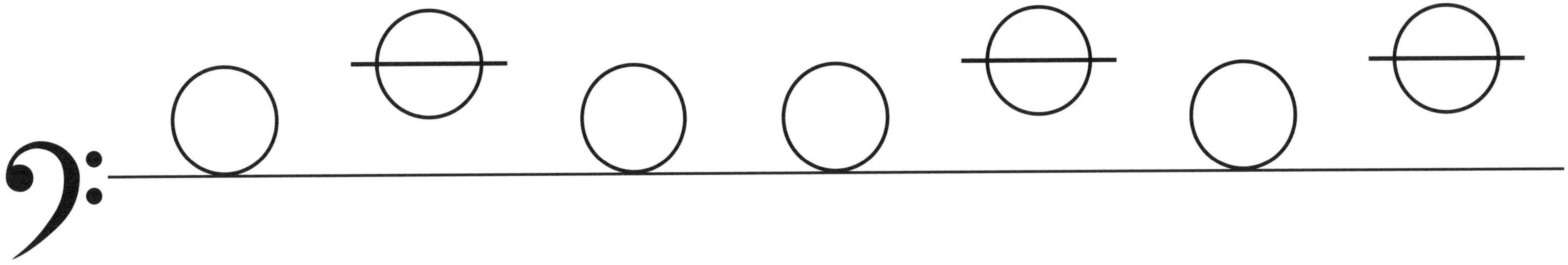

とおんきごうとへおんきごうをかきましょう

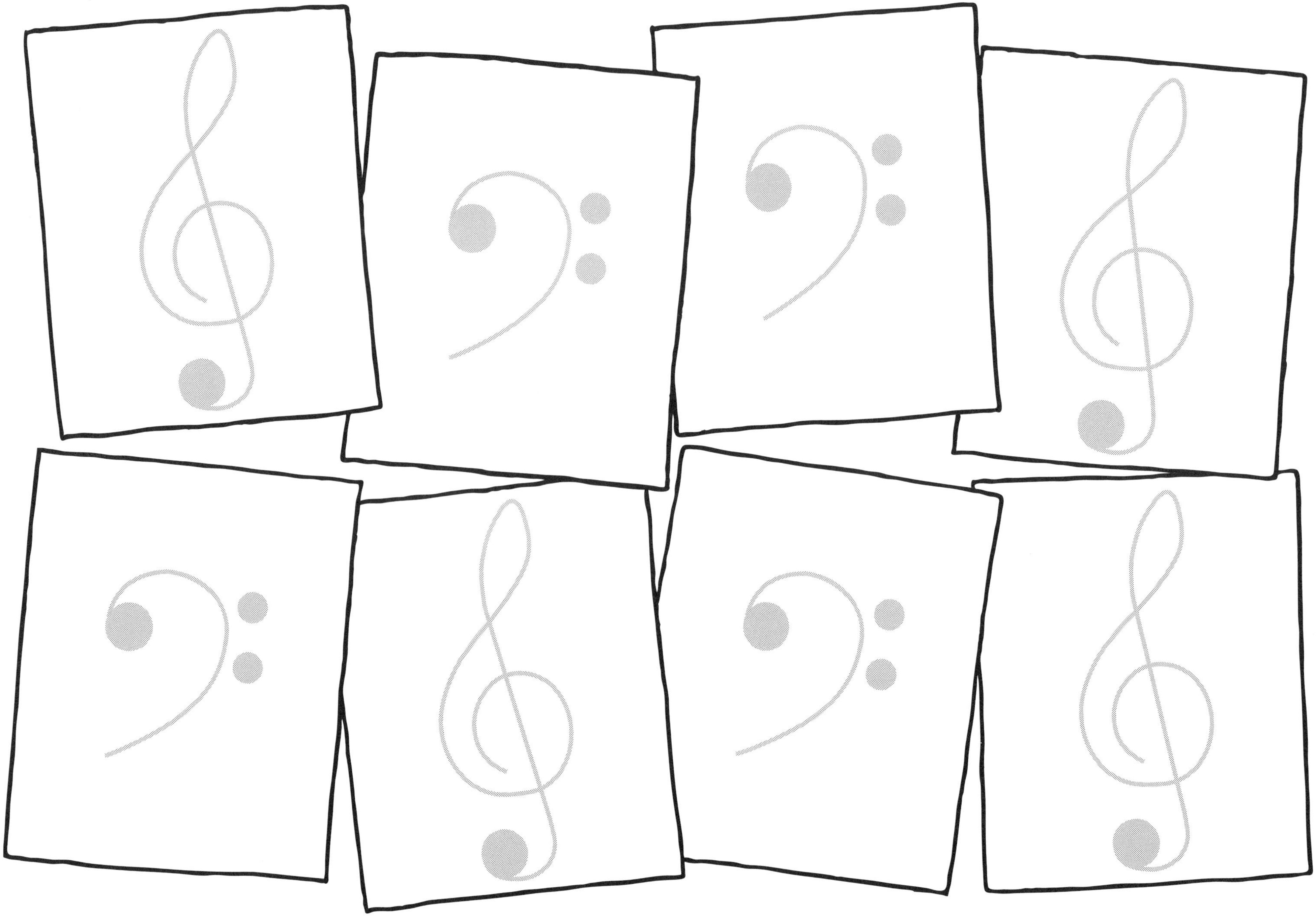

おんぷにいろをぬりましょう（ど―あか　れ―きいろ　み―みどり　し―ぴんく）

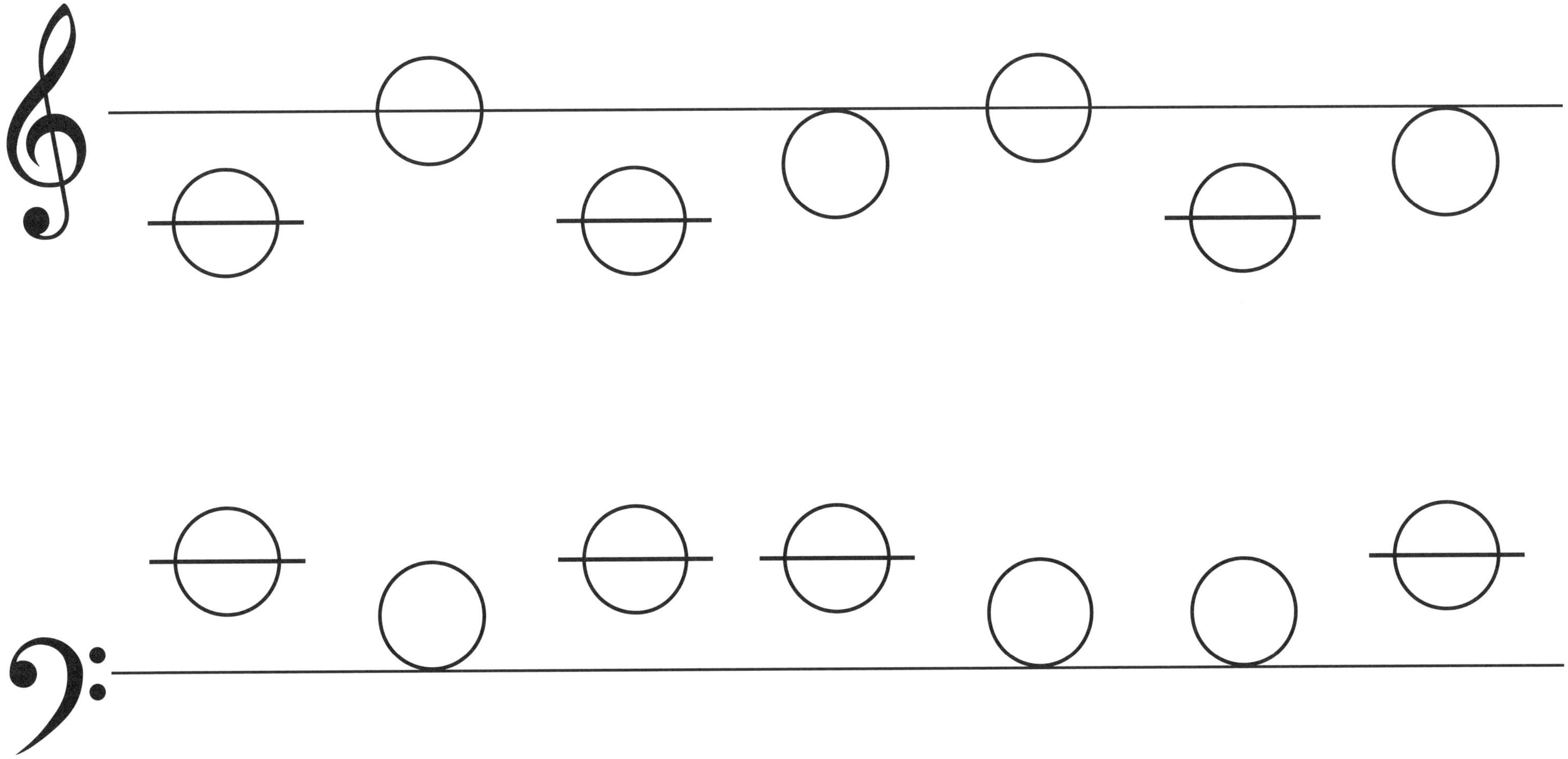

ふうせんをせんでむすびましょう

おんぷにいろをぬりましょう（ど—あか　れ—きいろ　み—みどり　し—ぴんく）

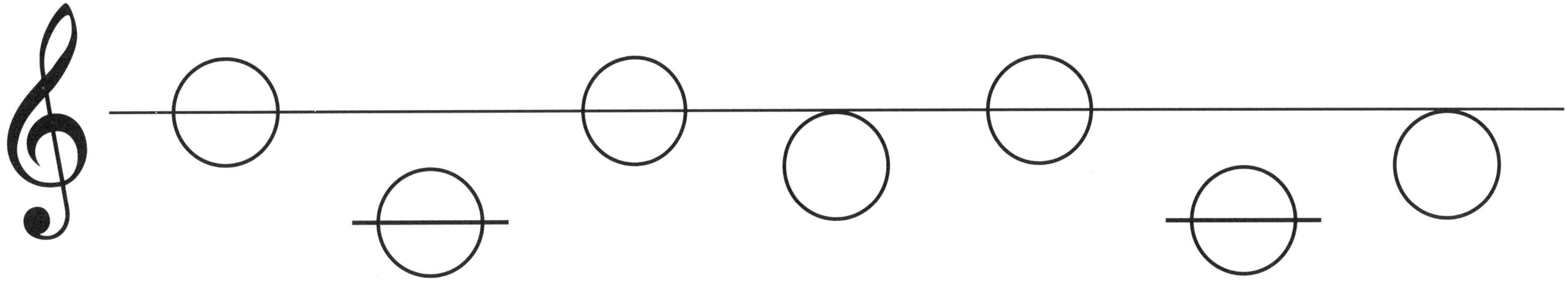

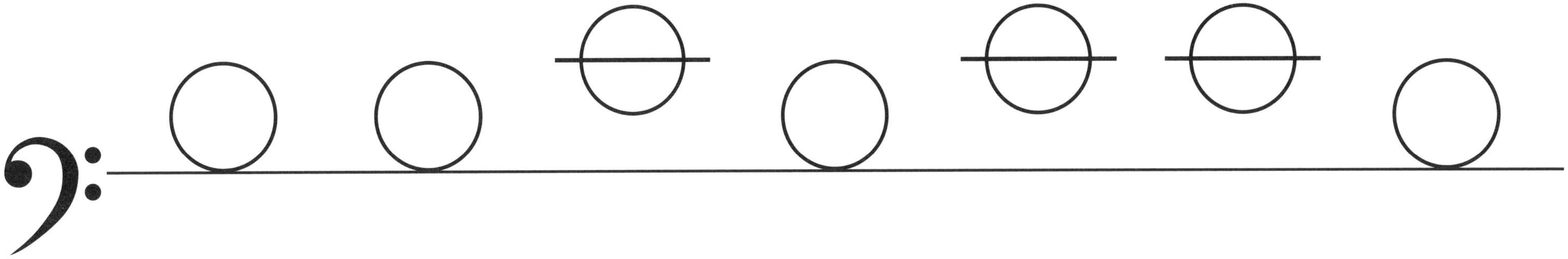

カードをせんでむすびましょう

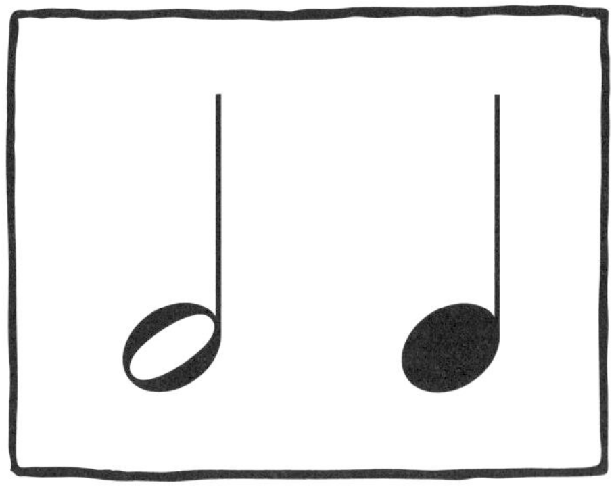

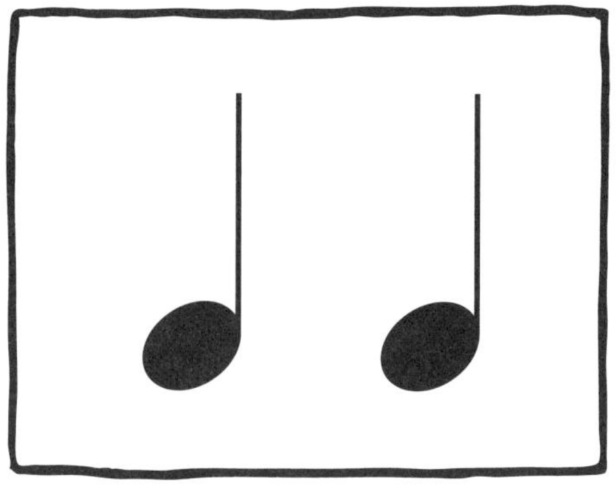

とまと

じゅーす

いぬ

ろーそく

おんぷにいろをぬりましょう（ど—あか　れ—きいろ　み—みどり　し—ぴんく）

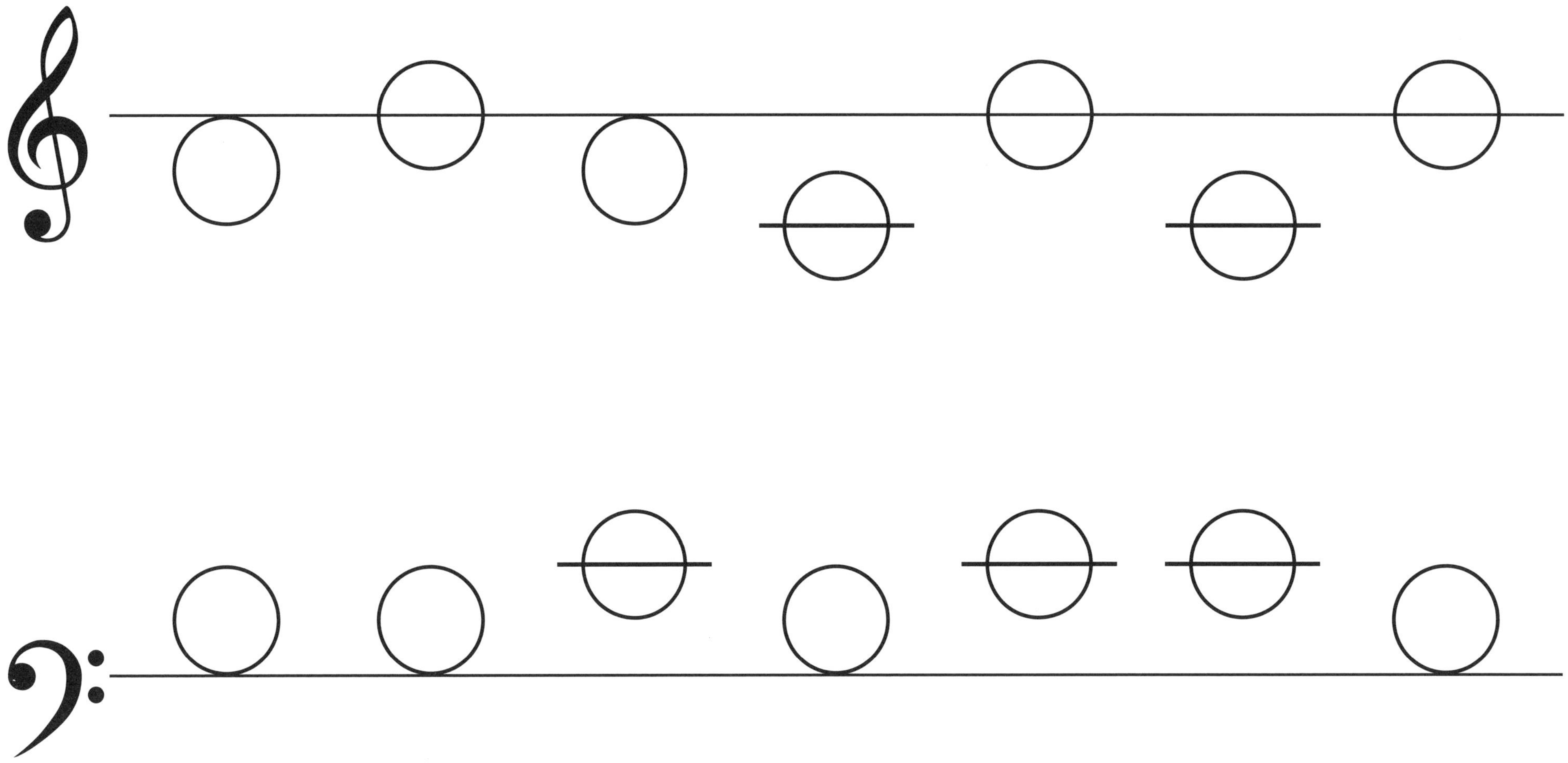

おんぷにいろをぬりましょう（ど—あか　れ—きいろ　み—みどり　し—ぴんく）

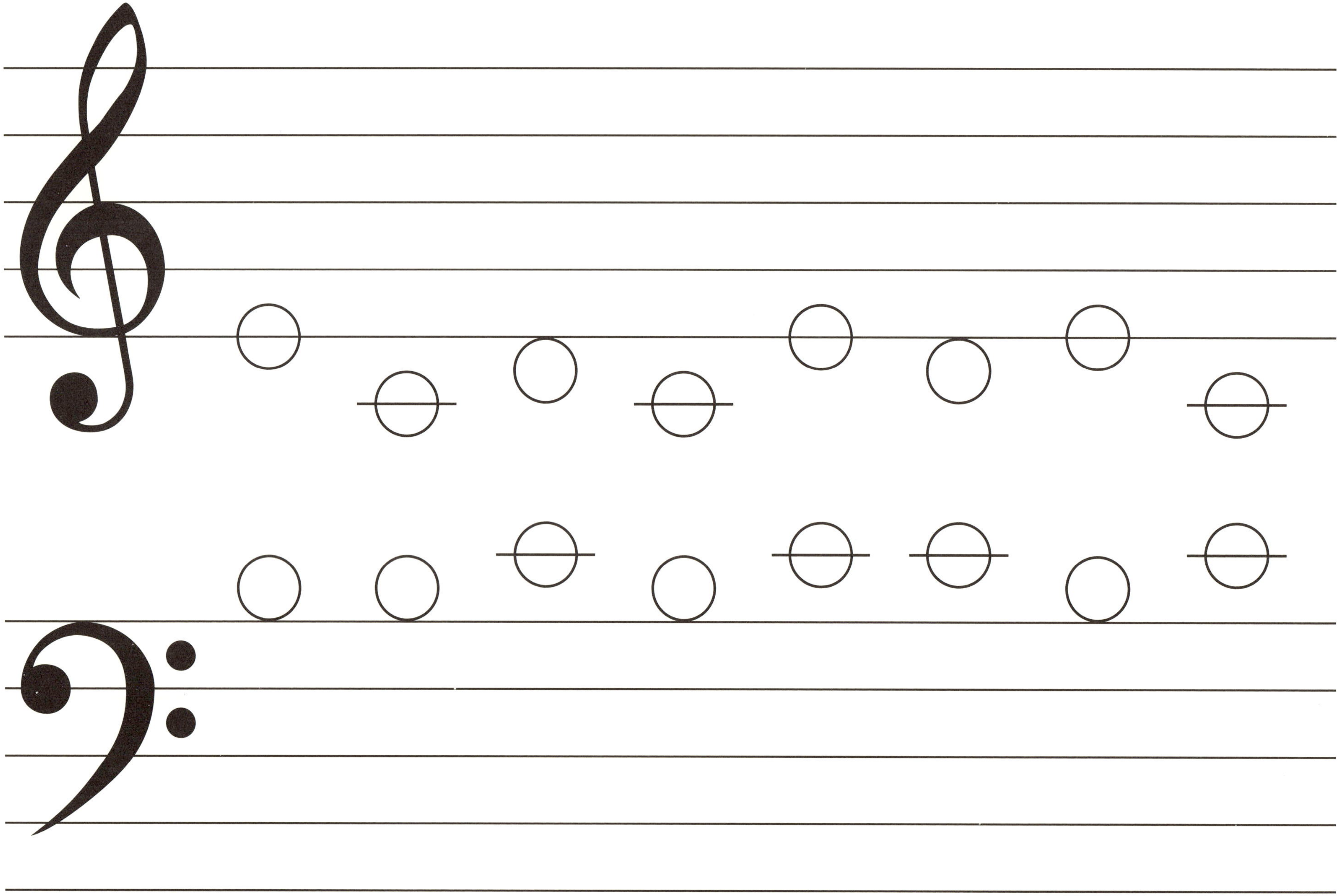

ふうせんをせんでむすびましょう

おんぷにいろをぬりましょう（ど―あか　れ―きいろ　み―みどり　し―ぴんく）

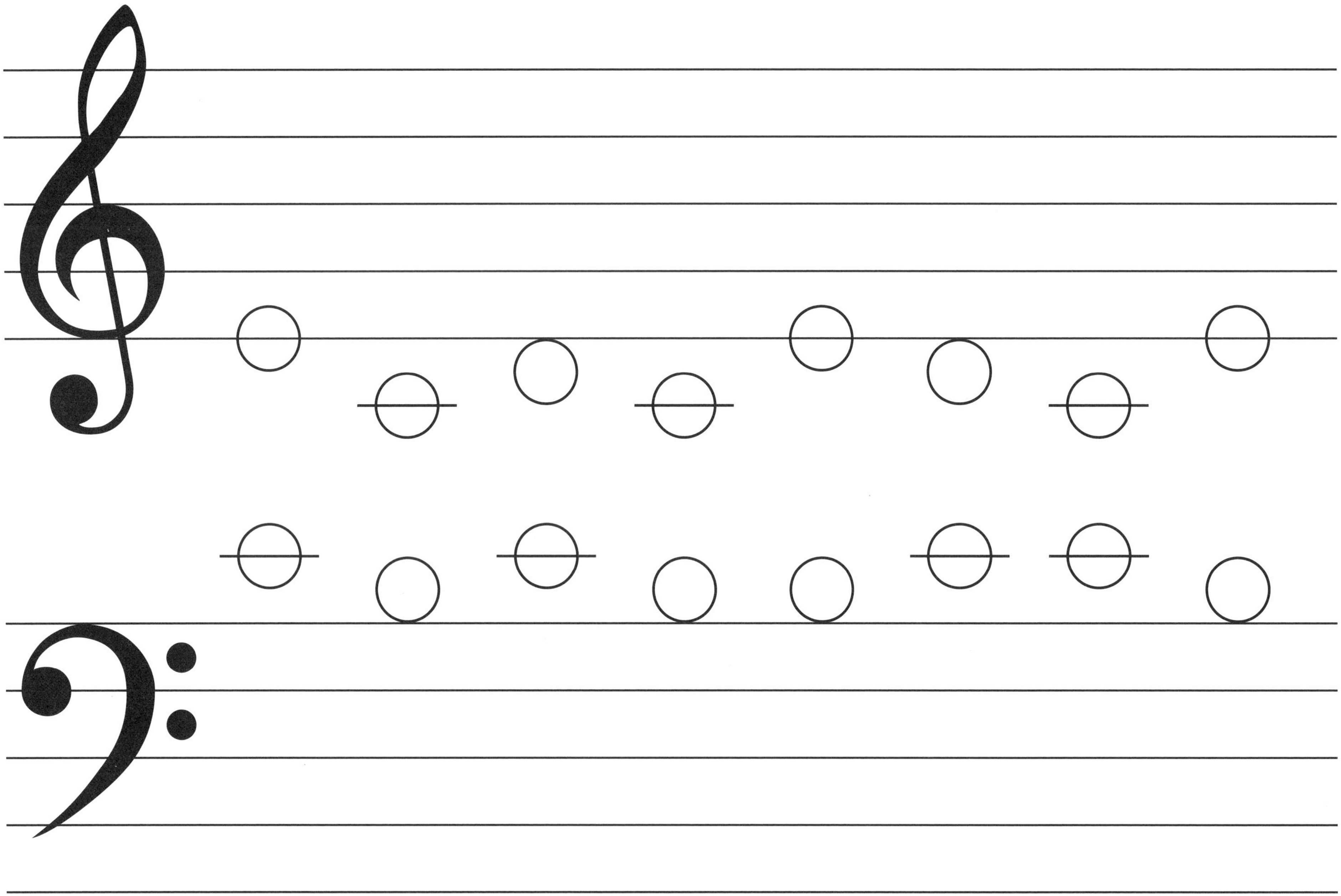

ふうせんをせんでむすびましょう

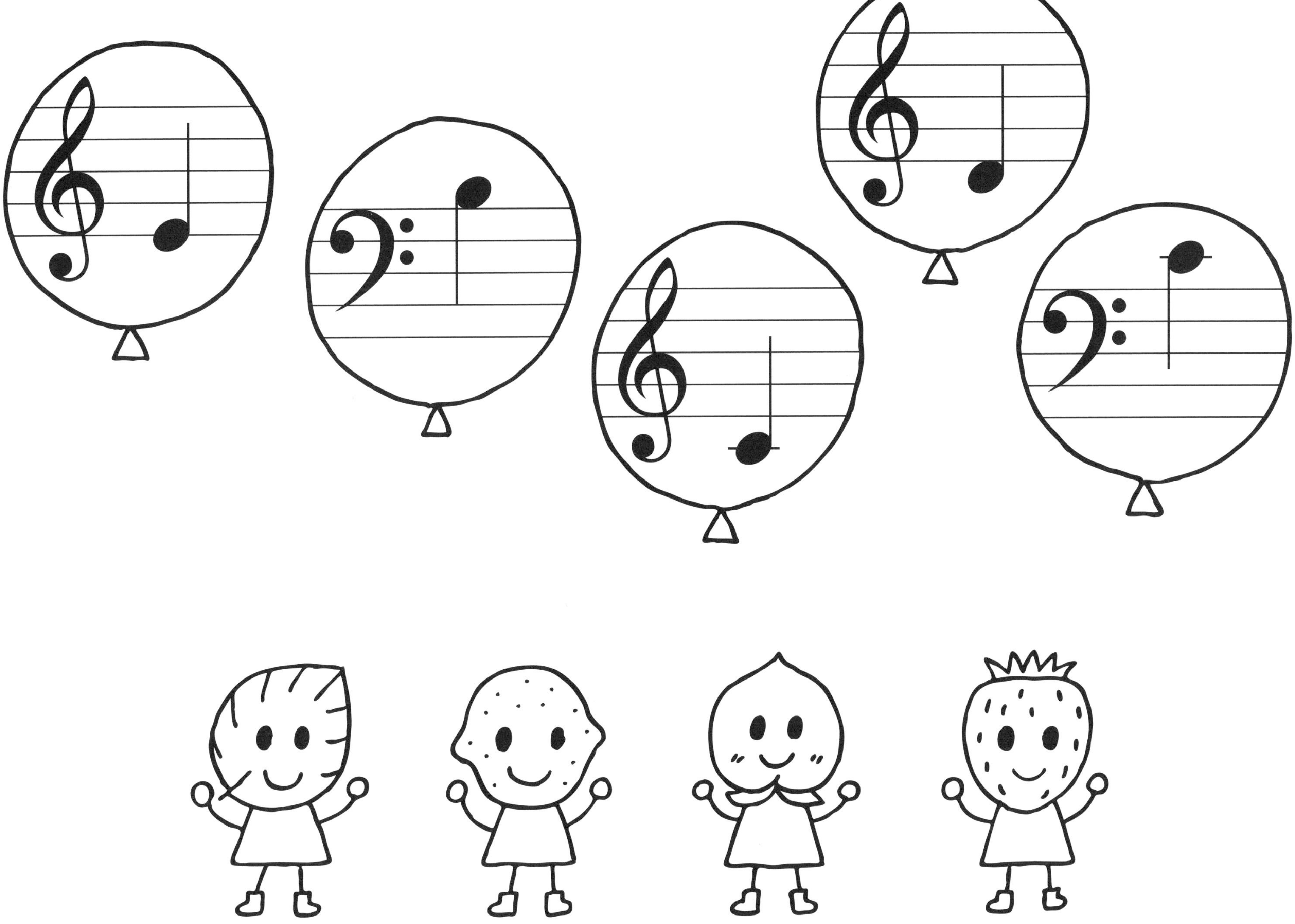

おんぷにいろをぬりましょう（ど—あか　れ—きいろ　み—みどり　し—ぴんく）

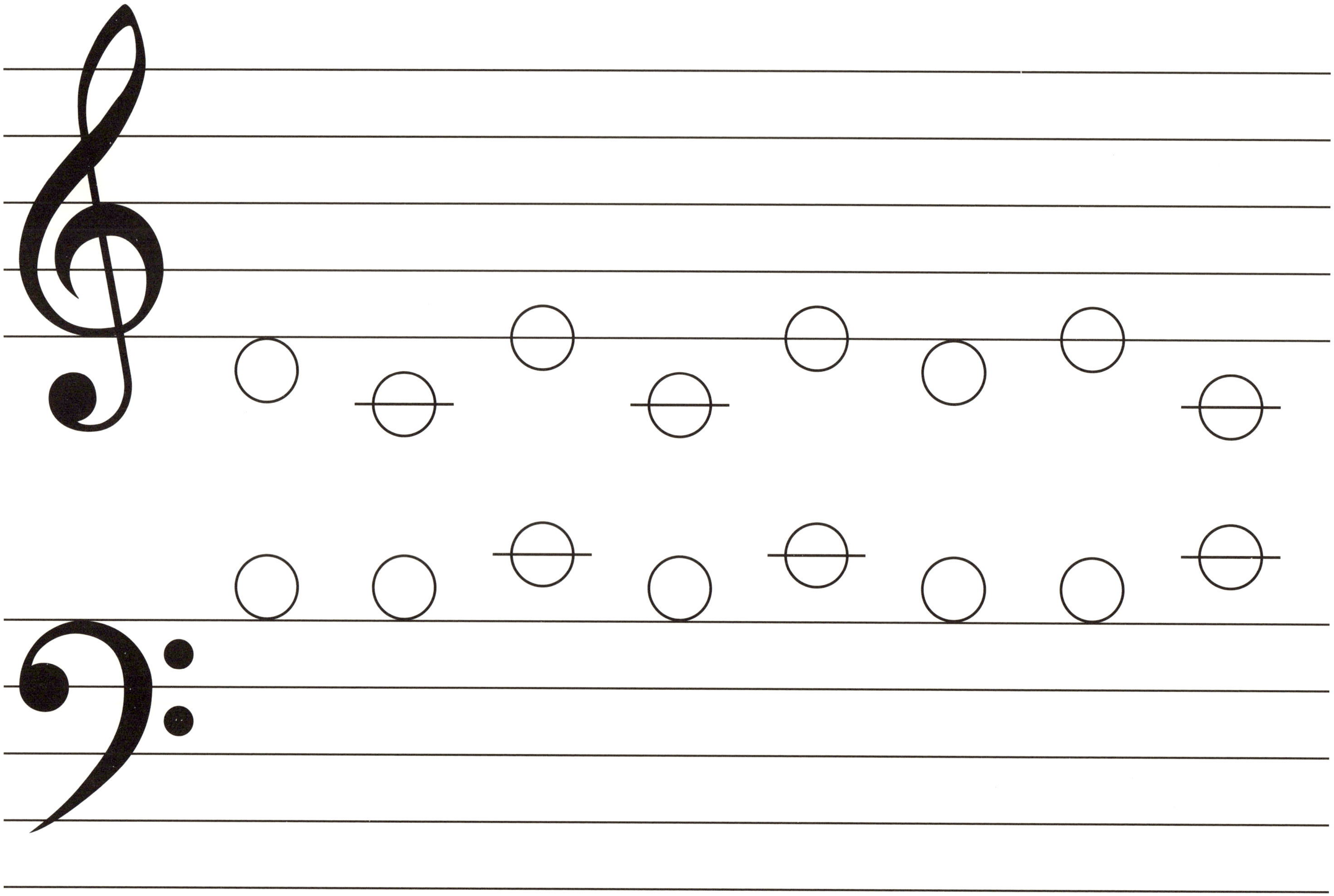

おんぷをよみましょう

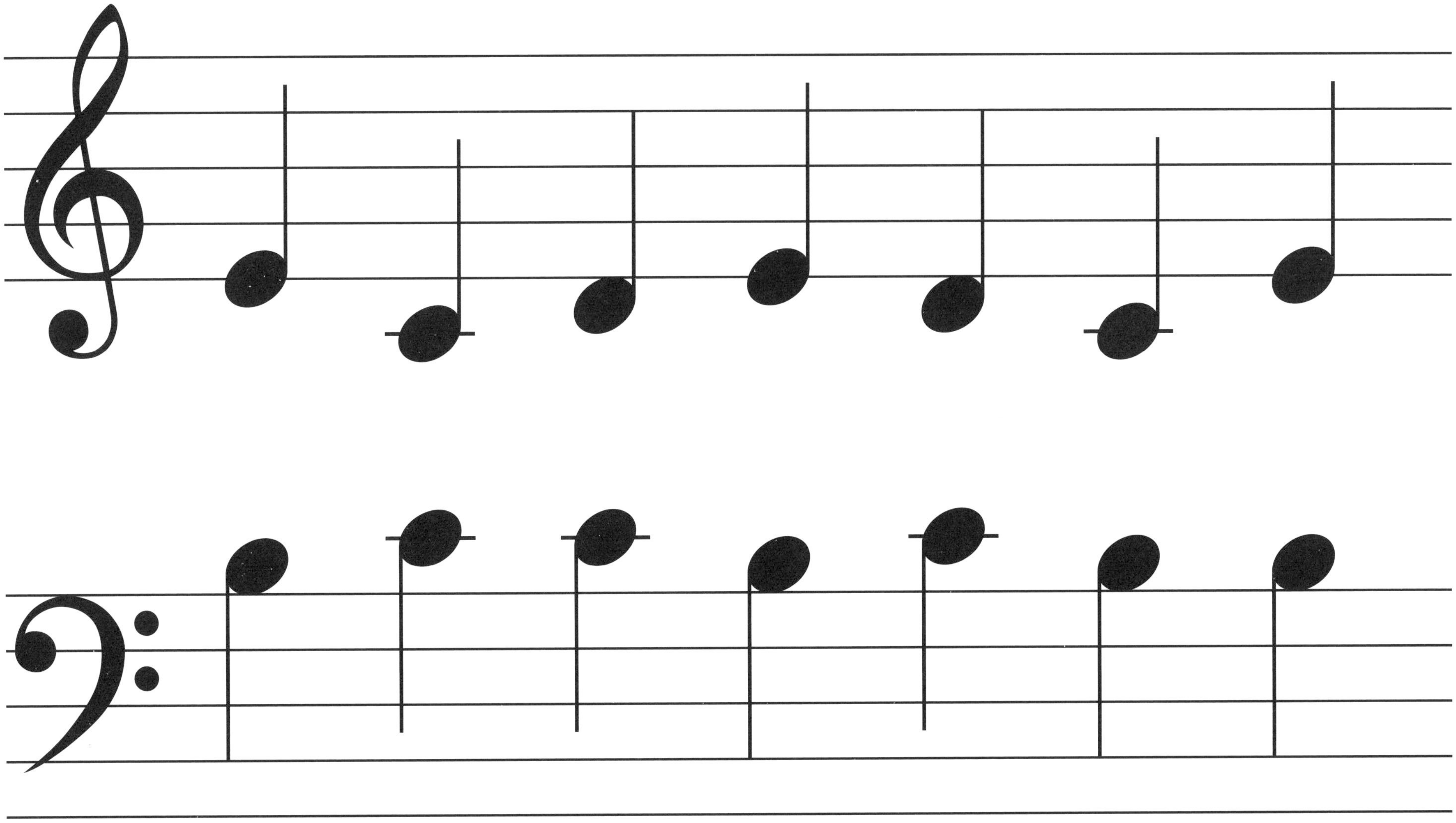

ひだりてのらにむらさきをぬりましょう

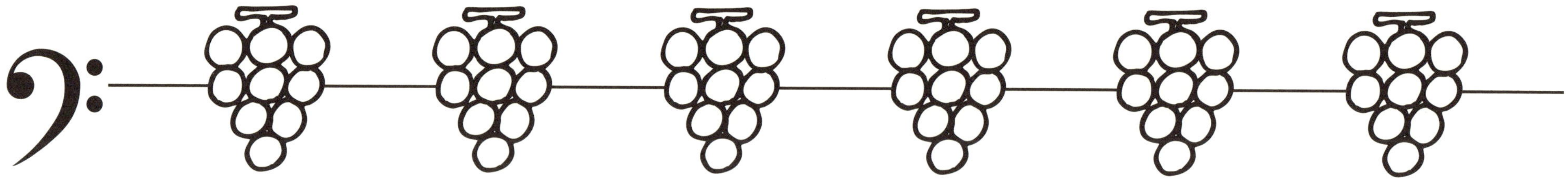

おんぷにいろをぬりましょう（ど―あか　し―ぴんく　ら―むらさき）

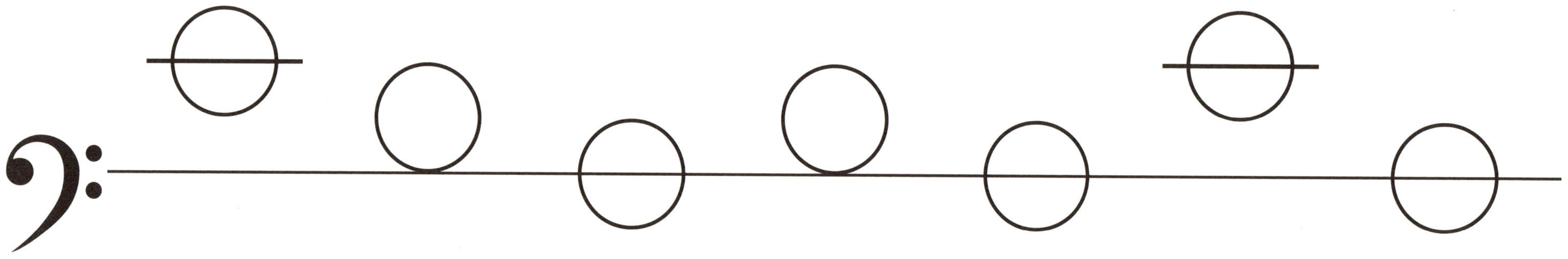

おんぷにいろをぬりましょう（ど—あか　れ—きいろ　み—みどり　し—ぴんく　ら—むらさき）

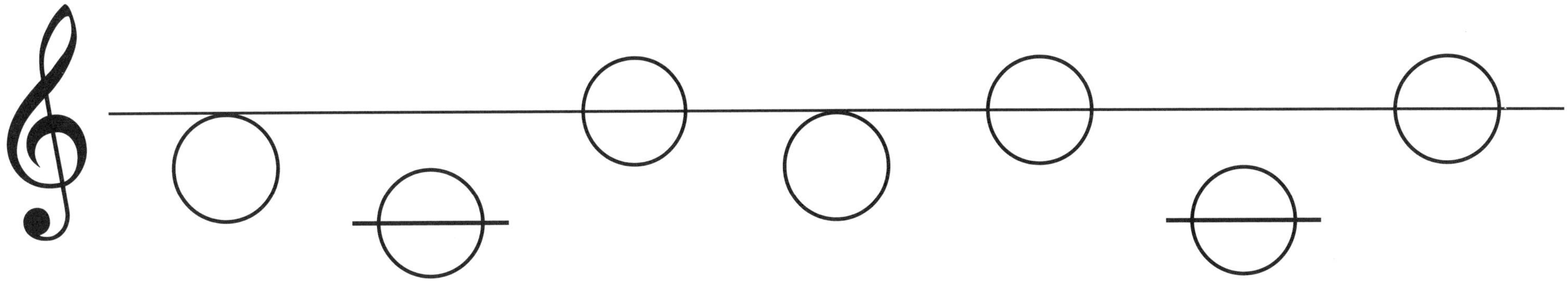

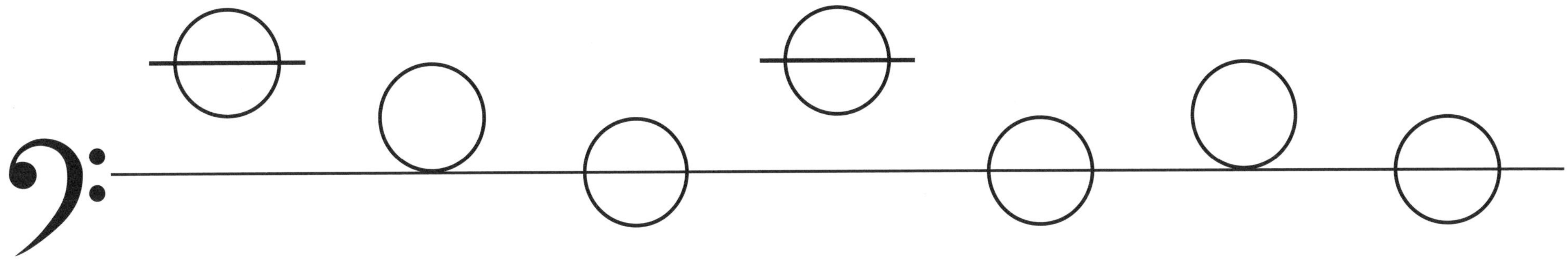

ふうせんをせんでむすびましょう

おんぷにいろをぬりましょう（ど―あか れ―きいろ み―みどり し―ぴんく ら―むらさき）

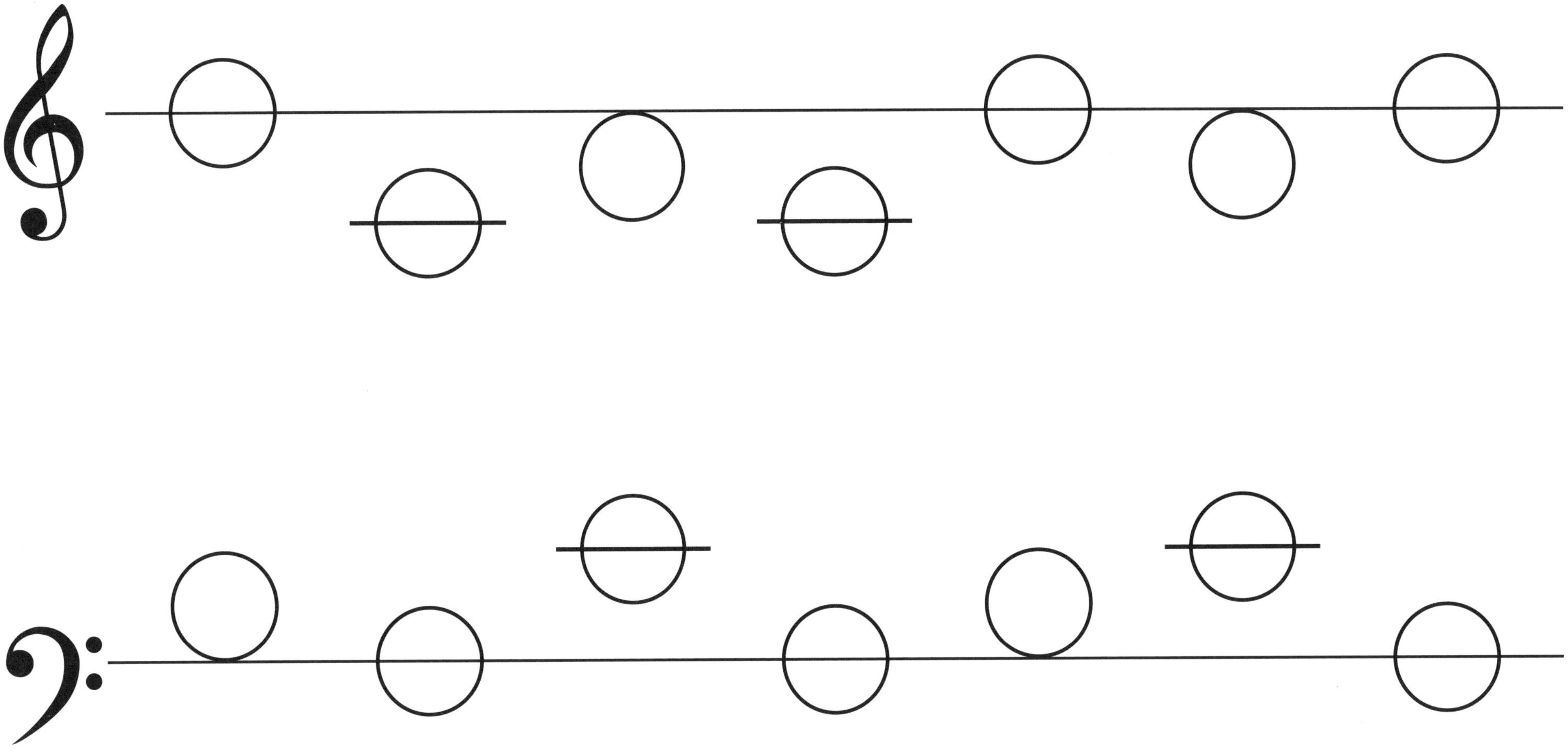

カードをせんでむすびましょう

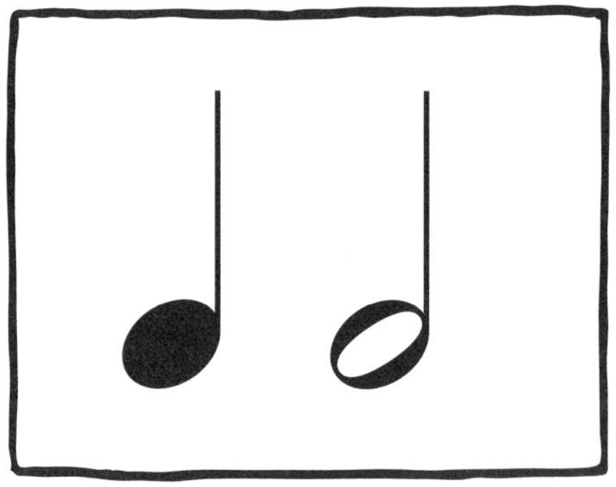
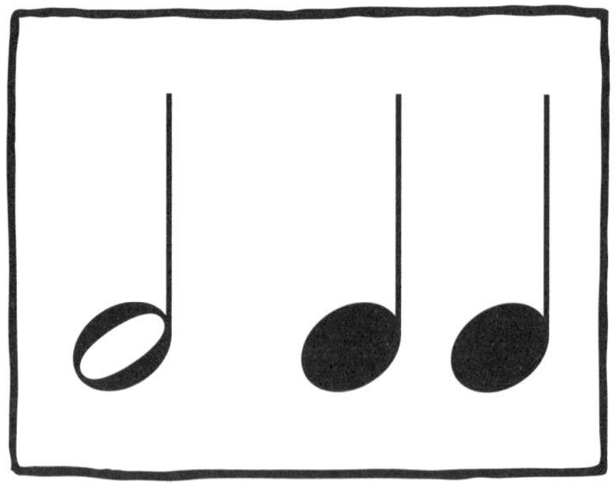
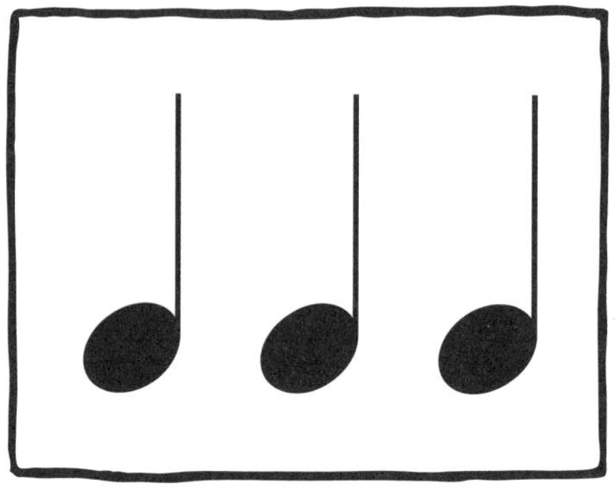
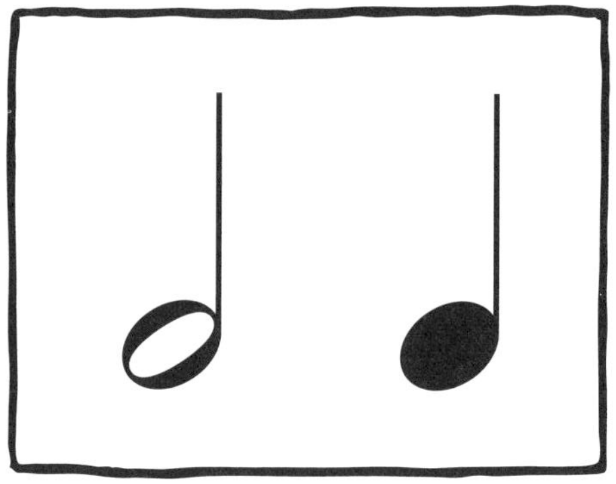

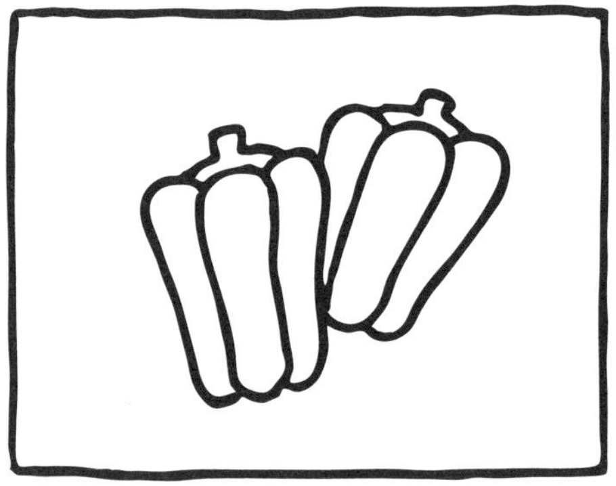

ぴーまん

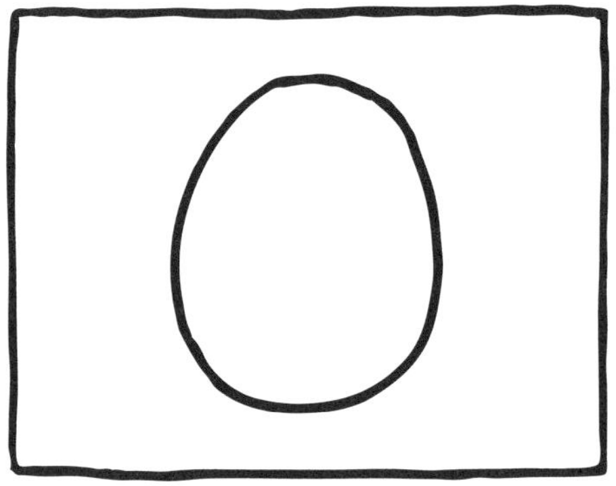

たまご

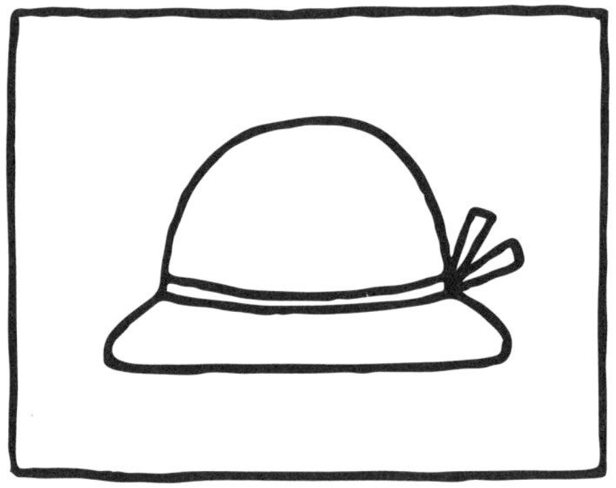

ぼーし

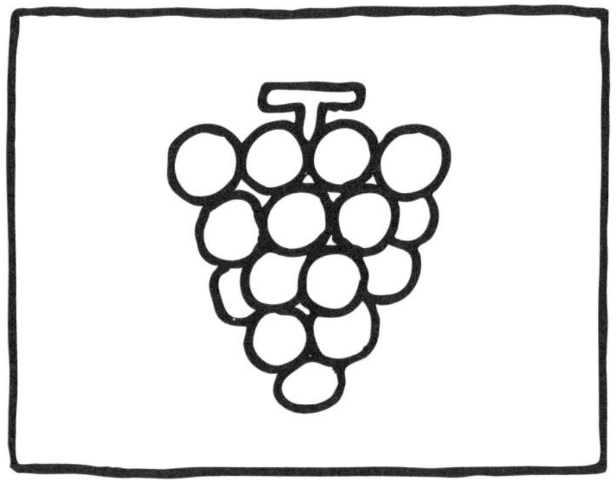

ぶどー

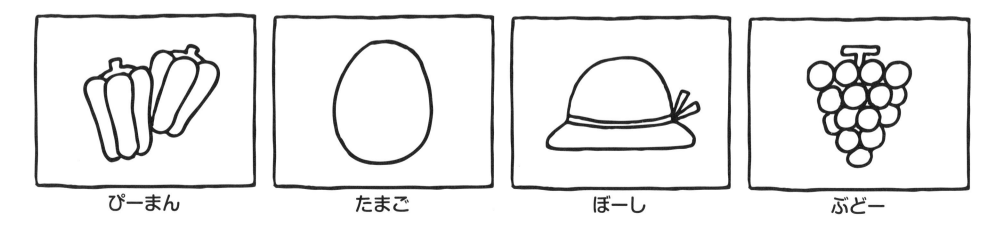

おんぷにいろをぬりましょう（ど―あか　れ―きいろ　み―みどり　し―ぴんく　ら―むらさき）

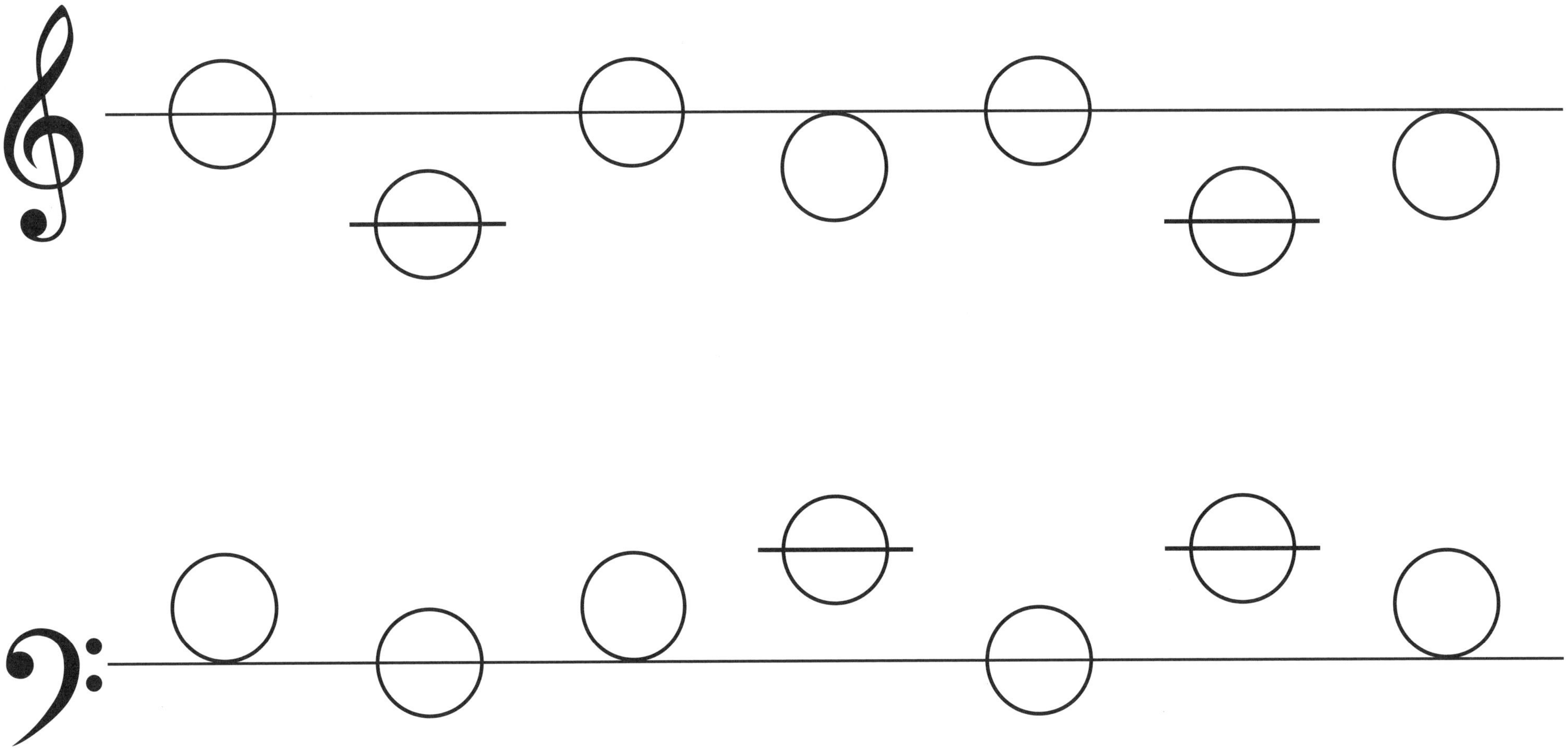

ふうせんをせんでむすびましょう

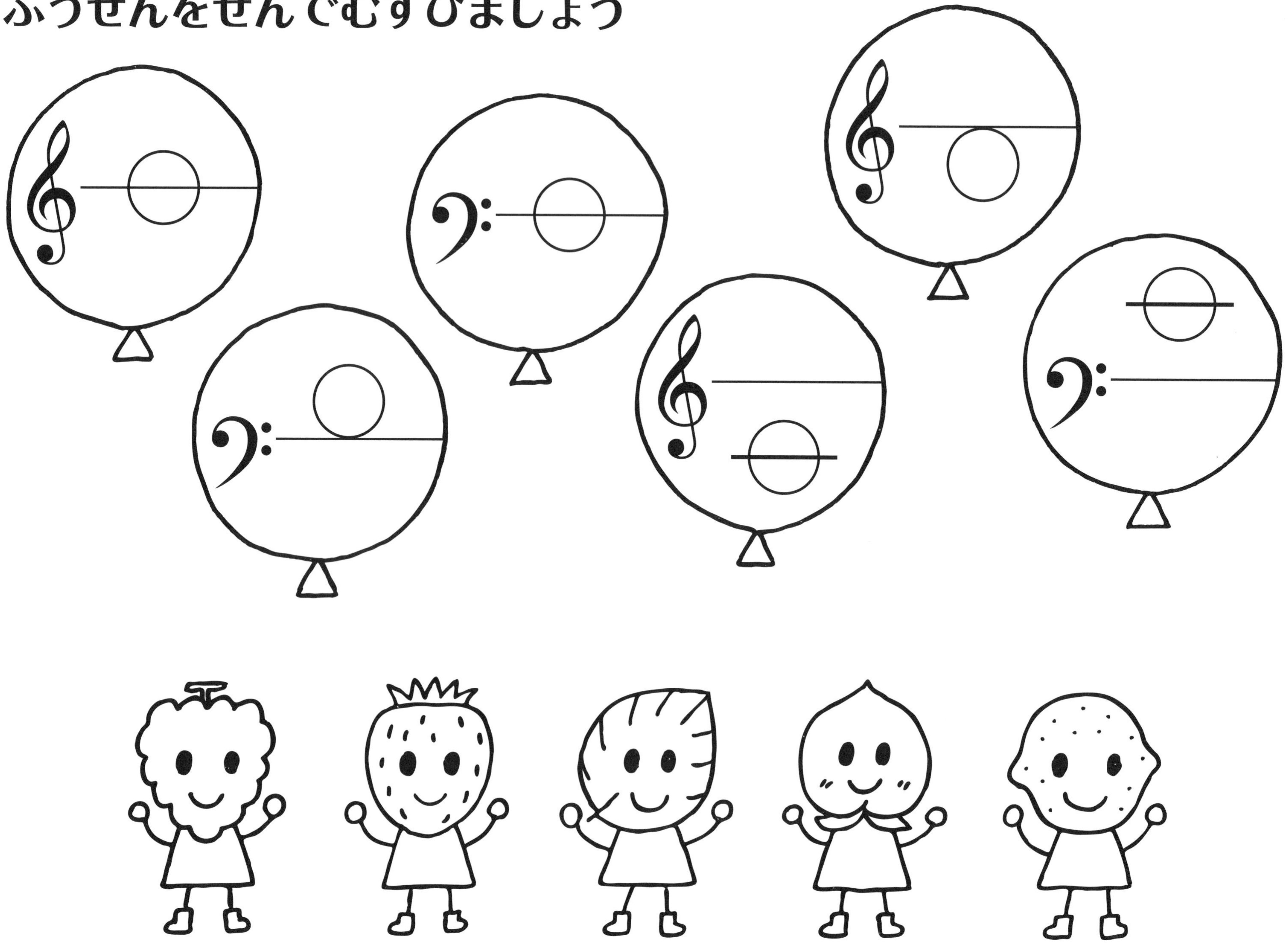

おんぷにいろをぬりましょう（どーあか　れーきいろ　みーみどり　しーぴんく　らーむらさき）

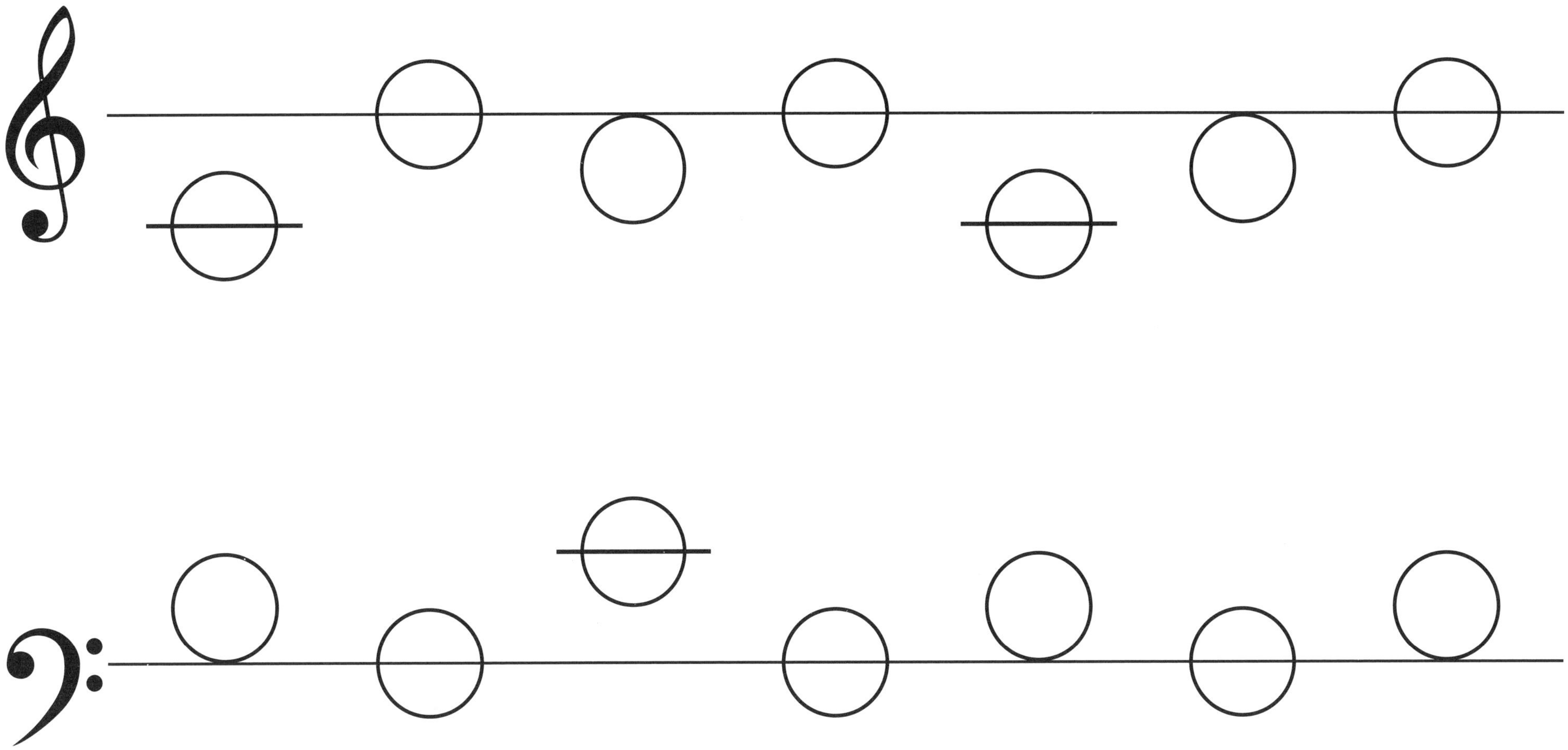

おんぷにいろをぬりましょう（ど—あか　れ—きいろ　み—みどり　し—ぴんく　ら—むらさき）

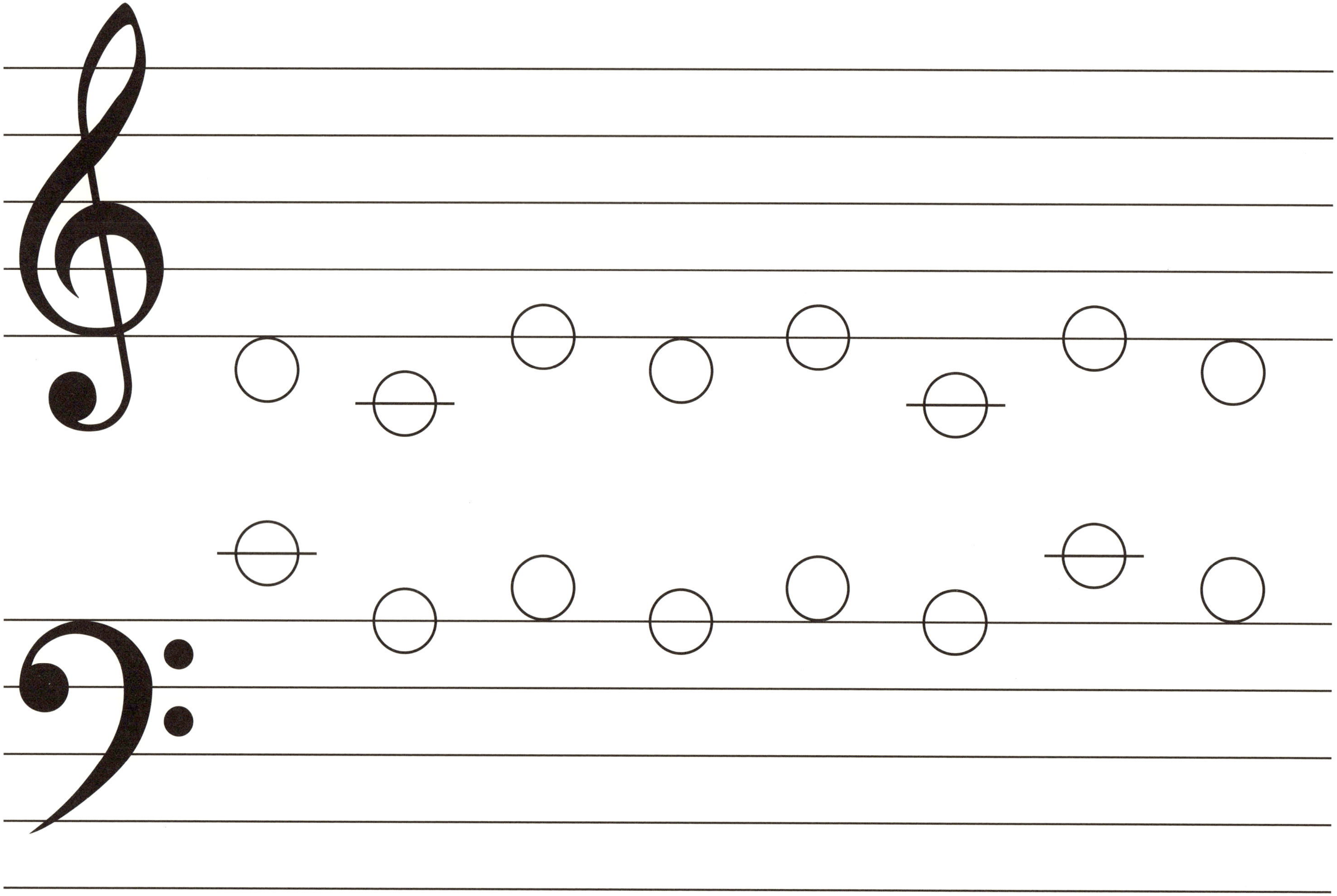

ふうせんをせんでむすびましょう

おんぷにいろをぬりましょう（ど—あか　れ—きいろ　み—みどり　し—ぴんく　ら—むらさき）

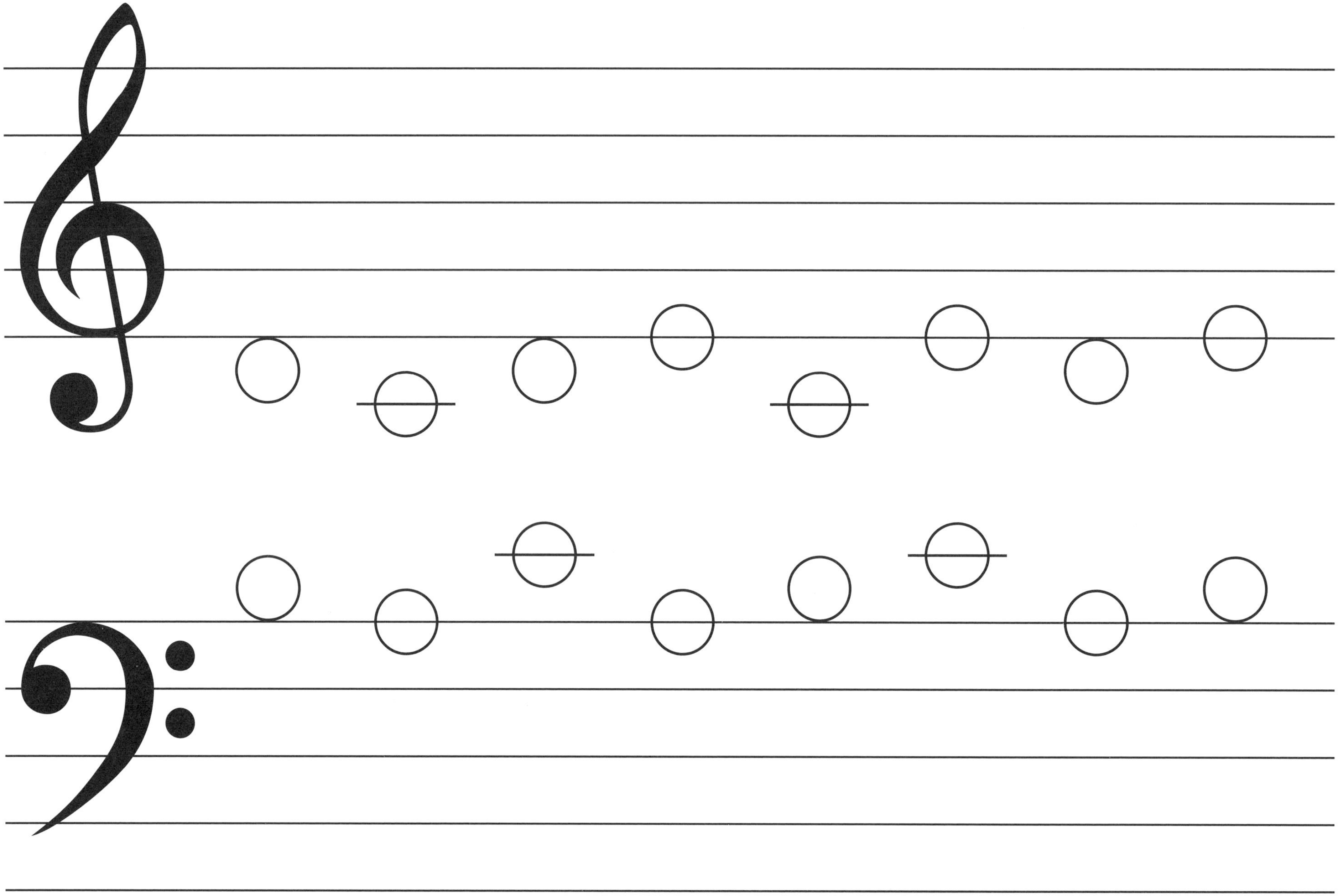

おんぷをよみましょう

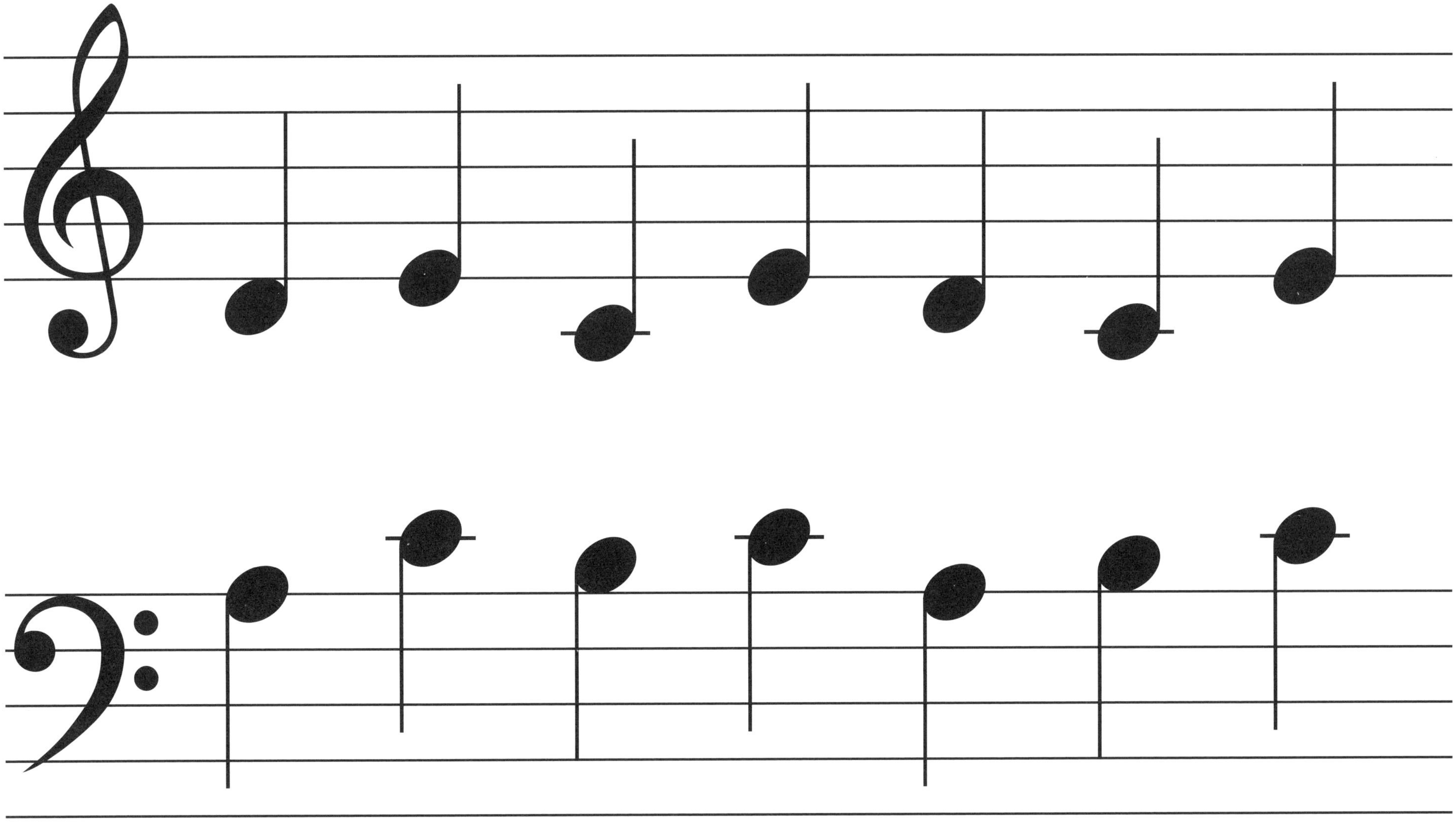

おんぷにいろをぬりましょう（ど―あか　れ―きいろ　み―みどり　し―ぴんく　ら―むらさき）

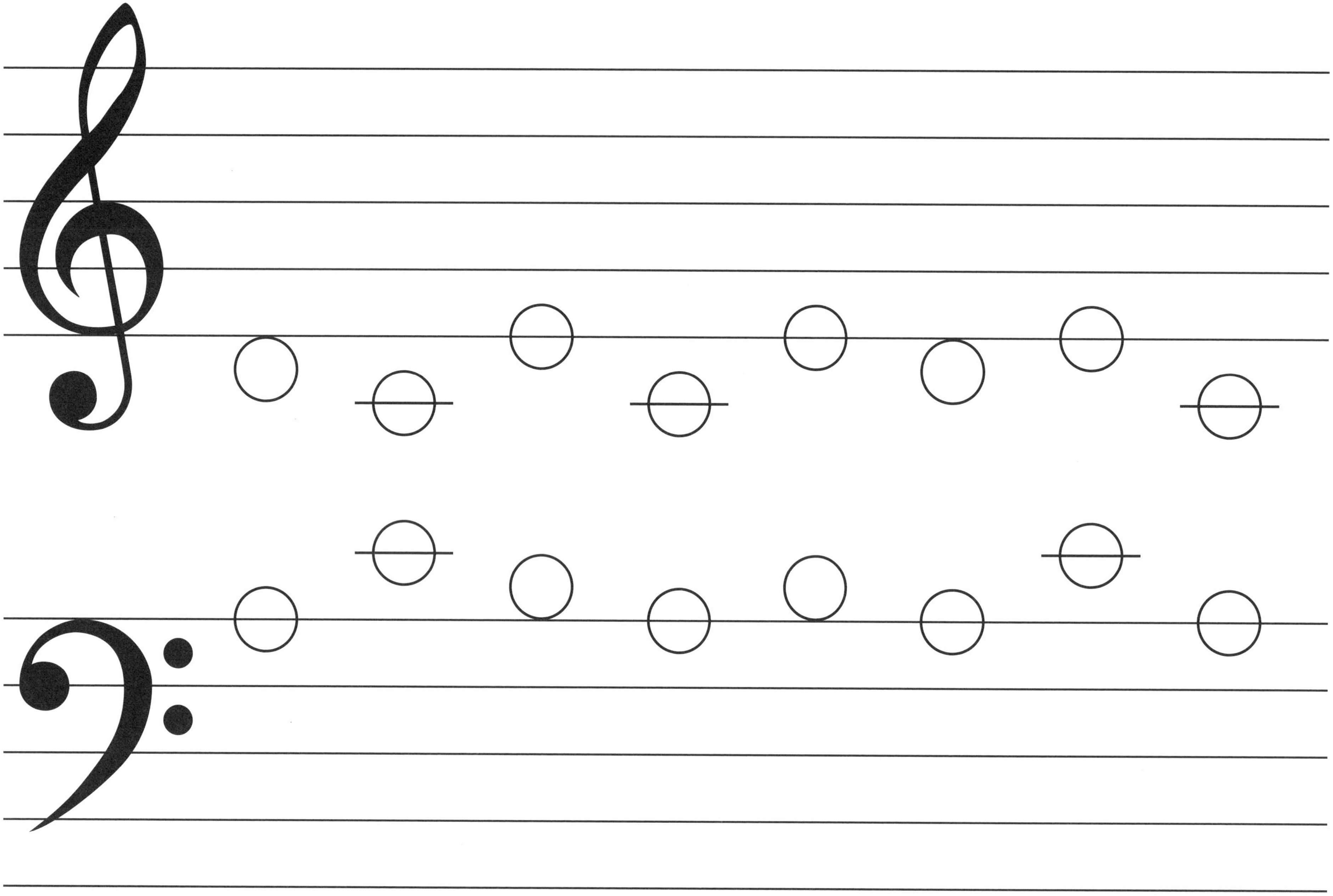

ふうせんをせんでむすびましょう

おんぷにいろをぬりましょう（ど—あか　れ—きいろ　み—みどり　し—ぴんく　ら—むらさき）

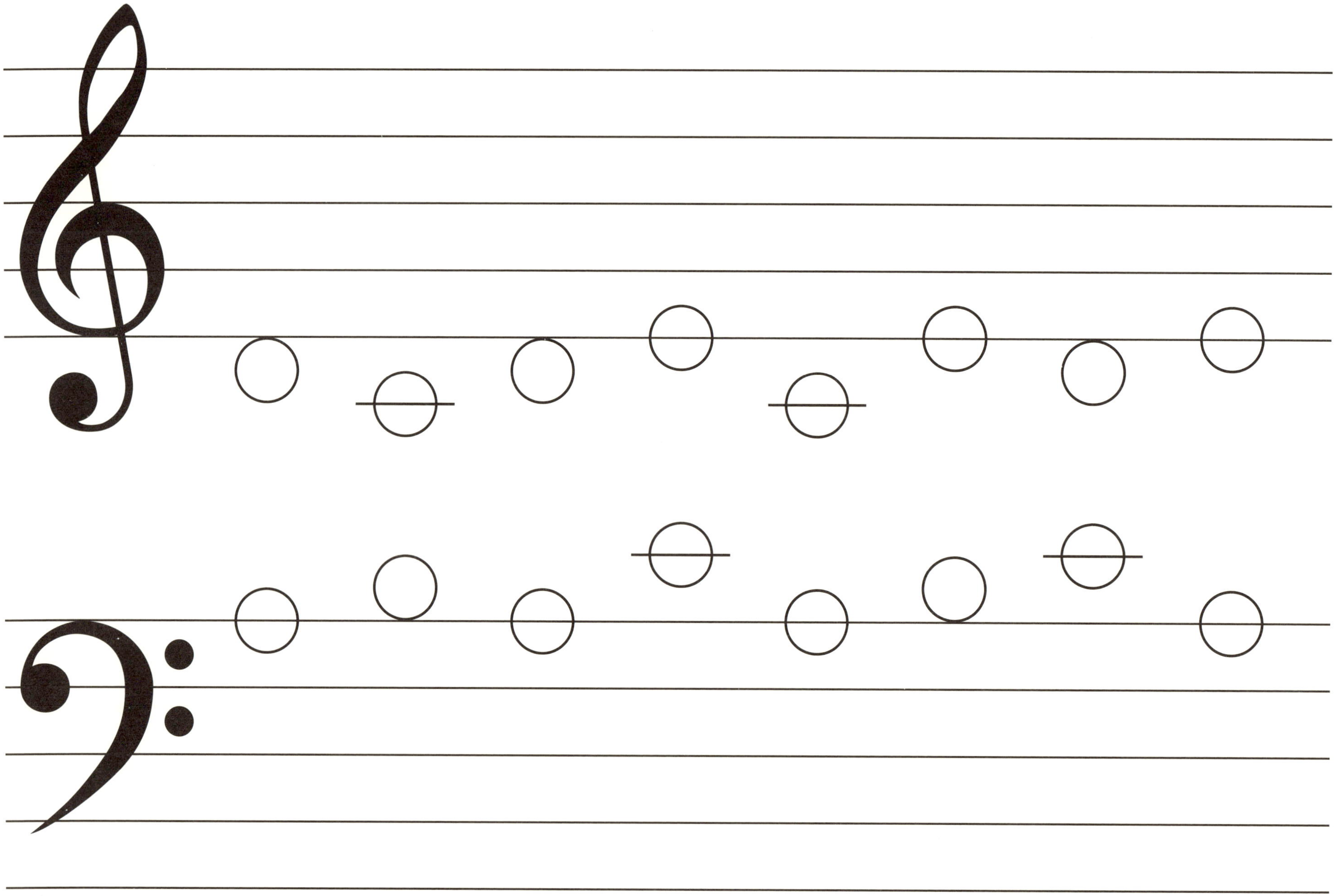